아는 사람
믿는 사람

아는 사람
믿는 사람

초판 1쇄 발행일 2025. 05. 22.

지은이   강학종

펴낸이   방주석
펴낸곳   베드로서원
주 소   경기도 고양시 일산동구 고봉로 776-92
전 화   031)976-8970
팩 스   031)976-8971
이메일   peterhouse@daum.net
등 록   (제59호)2010년 1월 18일 / 창립일 : 1988년 6월 3일

ISBN 979-11-91921-37-3 03230
책값은 뒷 표지에 있습니다.

베드로서원은 말씀과 성령 안에서 기도로 시작하며
영혼과 삶이 풍요로워지는 책을 만드는 데 힘쓰고 있으며,
문서선교 사역의 현장에서 최선을 다하겠습니다.

ⓒ 이 출판물은 저작권법에 의해 보호를 받는 저작물이므로
무단 전재와 무단복제를 할 수 없습니다.

아는 사람
믿는 사람

강학종

차례

- 8 추천사
- 16 머리말

- 19 하나님
- 37 예수님
- 60 성령님
- 84 교회
- 111 구원
- 136 예배
- 159 믿음
- 182 기도
- 217 주일
- 237 권말 부록 - 절기

추천사

새가족부를 담당하던 때의 일입니다. 새로 등록하면 누구나 5주간 '새가족 교육'을 받아야 했습니다. 담당 교사가 교육을 진행하는데, 한 분이 중간에 나오셨습니다.
"무슨 일 있으세요?"
"제가 왜 여기에 있어야 하는지 모르겠습니다."
"무슨 말씀이신지요?"
"저는 미국에서 신앙생활을 하다가 한국에 들어와서 이 교회에 왔습니다. 제가 받을 필요가 없는 교육입니다."
"예, 알겠습니다. 편하신 대로 하시지요."
그렇게 해서 그분은 새가족 교육을 받지 않았는데, 1년 정도 뒤에 다시 찾아오셨습니다.
"교회 사무실에 갔더니 제가 교적부에 없다고 하더군요. 어떻게 된 일인지 궁금해서요."
"예, 우리 교회는 새가족 교육을 마쳐야 정식으로 교적부에 올라갑니다."
새가족 교육 체계를 만드는 동안 "새 신자와 오래 신앙생활 하신 분을 구별해서 교육을 해야 하지 않을까요?", "기준을 어떻게 정하죠? 직분으로 하나요, 교회 다닌 햇수로 하나요?" 등등 이견이 많았습니다.
새가족 교육을 받게 하는 이유는 두 가지입니다. 하나는 순종 훈련입니다. 5주간의 새가족 교육에도 순종하지 못하면, 앞으로 교회가 하는 모든 사역에 어떻게 순종할까요? 둘째는 기본 점검입니다. 교회를 옮겨 신앙생활을 하는 기회가 아니면 신앙 기본을 점검할 기회가 평생 없을 것이기 때문입니다.
"기본으로 돌아가자"라는 구호는 이제 식상해졌습니다. 그래도 신앙생활에 더없이 필요한 부분은 바로 신앙 기본 점검입니다. 사랑하고 존경하는 강학종 목사님께서 이 소중한 일을 감당해 주셨습니다. 이제 모든 교회 새가족 교육은 바로 〈아는 사람 믿는 사람〉으로 하면 됩니다. 신앙의 기본으로 돌아가고 싶은 성도, 신앙 기초를 다시 놓고 싶으신 교인, 성도들의 신앙을 반석 위에 세우고 싶으신 독회자! 정답이 바로 여기 있습니다. 전 교인이 함께 읽고 나누면, 주님께서 가장 기뻐하시는 교회와 성도가 되는 역사가 일어나리라 확신합니다.

강인구_사능교회 담임목사

성경의 어려운 부분을 쉽고 명쾌하게 설명하기로 정평이 나 있는 저자가 〈아는 사람 믿는 사람〉이라는 책을 썼습니다. 성경의 가장 기본적이면서도 핵심적인 열 가지 주제를 통하여 신앙생활의 기초를 놓았습니다. 하나님, 예수님, 성령님, 교회, 구원, 예배, 믿음, 기도, 주일, 절기에 관하여 약 50가지에 이르는 소주제도 상세히 설명하여 신앙생활의 뼈대를 세웠습니다.

이 책은 일종의 조직신학 개론서입니다. 이 책을 읽으면 신앙의 체계가 잡히고 기초가 튼튼해집니다. 생생한 간증, 예화, 도서, 역사 등의 자료를 적절히 인용하여 때로는 시원하게, 때로는 흥미롭게 독자들을 성경의 주제로 안내합니다. 그뿐 아니라 신앙생활에 적용해야 할 내용에 이르기까지 구체적으로 언급하고 있습니다.

일반 성도들에게는 '조직신학'이라는 말이 생소할 수 있습니다. 그런데 그리스도인이면 누구나 '신학하는 사람'입니다. '신학' 앞에 붙은 '조직(systematic)'이 '체계적인' 또는 '결서 정연한'이라는 의미입니다. 오랫동안 교회 생활을 하면서 다양한 신앙 지식을 습득해 왔지만, 막상 질문을 받으면 딱히 설명할 수 없던 부분들에 대한 명쾌한 답을 제공합니다.

구슬이 서 말이라도 꿰어야 보배입니다. 아무리 훌륭하고 좋은 것이라도 다듬고 정리해서 쓸모 있게 만들어야 값어치가 있습니다. 저자는 이 책에서 크리스천이라면 한 번쯤 정리해야 할 기본 내용을 설명했습니다. 알기 쉽게 썼다고 해서 깊이가 없는 것이 아닙니다. 아주 잘 짜인 구성과 알찬 내용은 독자들의 신앙을 반석 위에 세울 것입니다.

이 책은 목회자나 신학생은 물론이고 기독교 신자라면 누구라도 읽을 수 있게 쓰였습니다. 아직 복음을 접하지 못한 분들이 이 책을 읽으면 자연스럽게 신앙으로 들어올 수 있습니다. 그래서 일종의 전도 서적입니다. 기존의 신자들이 이 책을 읽으면 신앙과 삶의 성숙을 경험할 수 있습니다. 그래서 양육 서적으로도 손색이 없습니다. 신학생들은 조직신학의 기초와 뼈대를 세울 수 있습니다. 목회자들에게는 훌륭한 제자훈련 교재가 될 수 있습니다. 이 책이 성도 개인의 영적 성숙과 한국 교회의 건강한 성장에 크게 기여하리라 확신하며 적극 추천합니다.

김관혁_예수기쁨의교회 담임목사

진국은 어떻게 만들어질까요? 오래 끓여야 합니다. 그래야 진국이 됩니다. 그렇다면 제대로 된 책은 어떻게 만들어질까요? 성경이라는 깊고도 넓은 세계를 진득하게 끓여내야 합니다. 늘 묵상과 연구를 게을리 하지 않는 강학종 목사님은 성경을 제대로 끓여 진국을 만들어 내는 저자입니다. 이번에 출간된 〈아는 사람 믿는 사람〉은 성경이라는 보물지도를 손에 들고 길을 찾는 이들에게 좌표를 찍어주는 책입니다.

구슬이 서 말이라도 꿰어야 보배입니다. 저자는 하나님, 예수님, 성령님, 교회, 구원, 예배, 믿음, 기도, 주일, 절기, 믿음의 여정에서 반드시 짚고 넘어가야 할 열 가지 기둥을 중심으로, 약 60개의 주제를 꿰어내고 있습니다. 이 책은 신앙의 기초를 튼튼하게 세우고, 흐트러진 지식과 경험을 하나의 '줄'로 꿰어주는 귀한 책입니다.

그렇다고 이 책이 단지 설명이나 지식의 나열에 그치지는 않습니다. 설명하면서도 감동을 주고, 성경 지식을 깨닫게 하면서도 깊은 울림을 줍니다. 어렵고 추상적인 신학 개념들을 삶의 언어로 풀어내는 저자의 솜씨는, 마치 명셰프가 낯선 재료를 가지고 누구나 즐길 수 있는 요리로 재탄생시키는 것과도 같습니다. 생생한 간증, 역사적 사례, 문학과 일상의 장면들이 어우러져, 마치 이야기 보따리를 하나씩 풀어놓는 듯한 느낌을 줍니다.

새 신자에게는 복음의 문턱을 넘게 해주는 친절한 안내서이며, 기성 신자에게는 흩어진 퍼즐 조각을 맞추게 하는 든든한 도우미입니다. 때로는 말문이 막혔던 교리적 질문 앞에서 명쾌한 설명을 얻게 하고, 때로는 신앙의 길에서 놓쳤던 본질을 되찾게 합니다.

이 책은 가볍게 읽히지만, 결코 가볍지 않습니다. 술술 넘어가지만, 읽고 나면 마음에는 무게가 남습니다. 책장을 덮는 순간 이런 질문이 피어오릅니다. "나는 정말 예수님을 아는 사람인가, 아니면 그저 아는 척 믿는 사람인가?" 이 질문 하나만으로도 이 책은 깊은 도전을 안겨줍니다.

목회자나 신학생은 물론이고, 교회를 다니는 모든 신자들이 곁에 두고 곱씹으며 읽어야 할 책입니다. 아직 복음을 접하지 못한 이들에게는 탁월한 전도서로, 오래된 신자에게는 신앙을 재정비하게 하는 양육서로 손색이 없습니다.

믿음의 씨앗을 뿌리고 싶은 이에게, 뿌리 내린 신앙을 더욱 견고히 하고 싶은 이에게, 그리고 무뎌진 마음에 다시 불을 지피고 싶은 이에게, 이 책은 한 권의 등불이 되어 줄 것입니다.

김영한_품는교회 담임목사, Next세대Ministry 대표

강학종 목사는 성경에 관련된 책을 쓰기 위해 태어난 것 같다. 강학종 목사 책을 한 권이라도 읽어 본 사람이라면 누구나 공감할 것이다. 읽다가 중간에 놓으려면 결단이 필요하다. 틈만 나면 손이 저절로 간다.

강학종 목사는 책을 쓰는 기능 이외에 다른 것들은 점점 퇴화하고 있는 게 아닌가 싶다. 돼지고기, 소고기도 구별하지 못하고 패션 감각도 없다. 출근해서 퇴근할 때까지 종일 모니터를 벗 삼는다고 하니, 분야를 망라해서 깊이 있는 지식은 글쓰기에 도움이 되는 것 같다.

강학종 목사와 초등학교와 고등학교를 같이 다녔다. 그리고 서울에서 대학을 다니면서 자주 만나지는 못했지만, 소식은 듣고 지냈다. 몇 년 지나면 60년지기가 될 것이다.

추천사를 부탁하는 전화를 받고서 당혹스러웠지만 오래된 친구인 목사의 부탁을 거절할 수 없었다. 워낙 거절하는 걸 힘들어하는 체질이기도 하다.

이 책은 칭의되고 성화하고 영화를 바라는 사람이라면 남녀노소 불문하고 반드시 읽어야 하는 필독서이다. 옆에 두고 어려울 때마다 읽으면 지혜와 명철을 얻을 수 있고, 힘과 용기를 낼 수 있을 것이라 확신한다.

그리고 기도에 대한 크리스천의 모범을 실제로 보여준 〈빙점〉의 작가 미우라 아야꼬의 일화는 그야말로 진한 감동을 주었다. "나는 예수 믿는 사람입니다. 주일에는 달리지 않습니다."라고 한 영국 육상 선수 에릭 리들의 인생은 우리가 일상생활에서 어떻게 살아야 하는지 보여준다. 나의 생활이 부끄러워진다. 이제 주변의 교회 다니는 지인들에게는 성령 충만을 위해서, 그리고 교회를 다니지 않는 지인들에게는 전도용으로 활용하기 위해 출간을 손꼽아 기다릴 것이다.

김한중_늘사랑교회 장로

나는 한세대 영산신대원 M.Div 과정을 공부 중인 전도사이다. 강학종 목사님과의 인연은 8년 전 내가 출산을 하고 몸조리를 하며 집에서 지내던 때로 거슬러 올라간다. 말씀과 예배에 대한 갈급함 가운데 SNS를 통하여 소개된 책을 보게 되었고, 그 책의 저자가 강학종 목사님이었다. 그때 〈쉽게 보는 어려운 요한계시록〉, 〈이스라엘왕조실록〉을 시작으로 강학종 목사님의 책 전권을 구매해서 읽었고 주변에 추천도 하고 선물도 하는 것으로 강학종 목사님과의 인연을 이어오고 있다.

시중에 유통되는 기독교 서적은 한두 가지가 아니다. 성경을 더 알고 싶고, 말씀을 더 알고 싶은 욕구가 있으니 기독교 서적에 당연히 관심이 있지만 어려운 책은 너무 어렵고, 쉬운 것은 간증 위주와 검증되지 않은 책들이 많아서 조심스러운데, 강학종 목사님의 책은 쉬우면서도 머리에 남았다. 이번에 나오는 〈아는 사람 믿는 사람〉도 역시 그렇다. 하룻밤이면 충분히 읽을 수 있을 만큼 쉽게 읽히는데 내용에는 깊이가 있다. 이 책을 읽으면 새 신자는 "아! 교회에서 쓰는 단어들이 이런 뜻이구나." 하고 깨닫게 될 것이고, 기성 교인이라면 "교회에서 쓰는 단어를 이렇게 쉽게 설명했구나."라고 생각하다가 책을 덮을 때쯤이면 "내가 과연 예수님을 아는 사람일까, 믿는 사람일까?"를 자책하며 참회의 시간을 갖게 될 것이다. 일단 책을 펴면 술술 읽게 될 텐데 내용은 결코 가볍지 않다. 성경에 관하여, 또 역사에 관하여, 또 상식적인 것에 관하여 많은 것을 배우고, 많은 여운과 생각을 하게 만든다. 성경을 알고 싶고, 성경과 관련된 책을 읽고 싶은데 무엇을 읽어야 될지 모르는 분, 말씀을 쉽게 이해하고 깊이 있게 마음에 새기고 싶은 분들에게 이 책을 추천한다.

말과 글은 그 사람을 표현해 준다. 책을 보고 강학증 목사님을 알고 지내게 되니 목사님의 순수함과 유머, 또 하나님을 향한 마음 모든 것이 존경스럽다. 특히 〈아는 사람 믿는 사람〉 원고를 읽으며 개인적으로 신앙을 점검하는 좋은 시간을 가졌다.

많은 분들이 이 책을 읽고 예수님을 더 알되, 예수님은 결코 우리가 쉽게 생각하는 신의 존재가 아닌 구원자이심을 알고, 믿고, 신앙이 더 깊어지기를 바란다.

이예원_순복음새엘림교회 전도사

아는 것이 믿는 것으로 이어지고, 믿는 것이 행함으로 나타날 때 신앙이 온전하게 됩니다.

이 책은 하나님과 예수 그리스도를 아는 데 필요한 기초를 명료하게 제시하며, 단순한 교리적 설명을 넘어 신앙이 실제 삶 속에서 어떻게 적용될 수 있는지를 깊이 고민하게 만듭니다. 저자는 하나님의 존재와 성품, 예수 그리스도의 구원 사역, 창조와 진화의 논쟁 등 핵심 주제를 논리적이고 설득력 있게 풀어내며, 신앙이 단순한 지식이 아니라 인격적인 만남과 실천으로 이어져야 함을 강조합니다. 특히 일상에서 만날 수 있는 사례와 신학적 통찰을 결합하여 독자들이 자신의 삶과 신앙을 더욱 긴밀하게 연결할 수 있도록 돕습니다.

이 책은 신앙의 여정을 시작하는 이들에게는 믿음의 기초를 세우는 길잡이가 되고, 더 깊이 있는 신앙을 추구하는 이들에게는 사려 깊은 통찰과 도전을 제공합니다. 아는 사람에서 믿는 사람으로, 더 나아가 행하는 사람으로 성장하기 원하는 모든 이들에게 강력히 추천합니다.

이 책은 단순히 읽고 끝나는 것이 아니라, 독자의 내면에 질문과 성찰을 남기며 하나님과의 관계를 더욱 깊이하게 하는 귀한 도구가 될 것입니다.

신앙생활이 행복하지 않은 분, 계속 제자리를 맴돌고 있는 분들에게 강력히 추천합니다.

장순홍_소망의교회 담임목사

5년 전 SNS를 통해 강학종 목사님을 알게 되었습니다. 매일 올라오는 글을 읽으며 출간된 책들을 구독했습니다. 구독한 책들의 공통점은 무척 쉽게 쓰였다는 사실이었습니다. 레위기나 요한계시록처럼 다들 어렵다고 하는 성경도 마찬가지였습니다. 〈쉽게 보는 어려운 레위기〉와 〈쉽게 보는 어려운 요한계시록〉이 바로 그 책들입니다.

이 책 〈아는 사람 믿는 사람〉은 저자의 이름으로 출간된 스물한 번째 책입니다. 하나님, 예수님, 성령님, 교회, 구원, 믿음, 기도, 주일 등 그리스도인과는 떼려야 뗄 수 없는 주제들을 이해하기 쉽게 설명했습니다. 이 주제들은 조직신학과 실천신학의 핵심 주제들이기도 합니다. 즉 신론과 기독론, 인간론, 교회론과 구원론에서 다루고 예배론에서 다루는 주제들입니다. 사실 저처럼 신학을 전공한 사람들도 설명하기가 쉽지 않은 주제들입니다. 그러나 저자는 예수님께서 그러셨던 것처럼 수많은 예화와 인용을 들어가며 이 무거운 주제들을 쉽게 설명해 나갑니다.

이 책의 원고를 다 읽은 후 저는 이 책을 이런 분들이 읽으면 좋겠다 싶었습니다. 누구를 만나든지 자신이 믿는 하나님에 대해 바르고 담대하게 소개하고 싶은 사람, 이단 사이비 전도자들과 마주해도 자신 있게 "내가 믿는 하나님은 당신들의 도움 없이 제가 확신하는 하나님이십니다"라고 고백하고 증언하고 싶은 사람, 진화론을 주장하는 사람에게 "그럴 수도 있겠네…" 하고 머뭇거리고 나서 "내가 창조주 하나님을 부인한 건 아닌가?" 하고 자책하는 사람, 칭의와 성화와 영화에 대해 바로 이해하고 싶은 사람, 바르게 기도하고 싶은 사람, 주일과 안식일의 차이에 대해 분명히 알고 싶은 사람, "내가 과연 바르게 알고 바르게 믿는 것일까?"하는 의구심이 있는 사람, 교회에서 학생들을 가르치면서 늘 "내가 가르친 것이 맞기는 맞나?"하는 사람, 자신의 신앙적 지식과 믿음의 정도를 가늠해 보고 싶은 사람, 교회의 참된 의미를 알고 바르게 신앙생활을 하고 싶은 사람, 스스로 뜨뜻미지근하게 믿고 있다고 여기는 사람, 삼위일체에 대해 좀 더 쉽게 이해하고 싶은 사람, 구약의 5대 제사의 현시대적 의미를 알고 싶은 사람, "너 성령세례 받았냐?", "너 구원받았냐?"라는 질문을 받으면 명쾌하게 답하지 못하는 사람, 이 세상에서 가장 가치 있는 성령 충만한 삶을 살고 싶은 사람, 정통 교회들로부터 사이비나 이단이라고 질책받는 교회에 출석하는 사람, 비록 그리스도인은 아니지만 하나님과 믿음과 교회와 예배 등에 관해 알고 싶은 사람 등입니다.

감동을 주는 책은 언제나 거울과 같습니다. 읽는 이의 모습을 비춰줍니다. 이 책이 그렇습니다. 저는 이 책을 읽으며 자신을 돌아봤습니다. 이 책을 통해 주제들에 대해 더욱 또렷이 알게 되었습니다. 또한 이 책은 주제를 다루어 가며 그리스도인의 삶의 궁극적 목적을 분명히 알게 하고 그리스도인마다 삶의 자리에서 어떻게 살아야 할지를 다짐하게 합니다.

이 책이 각 교회들의 구역, 다락방, 셀 그리고 목장 등 소그룹의 공과 교재와 워크북으로도 활용되었으면 좋겠습니다. 이 책을 구독하는 분마다 하나님의 아들을 믿는 것과 아는 일에 하나가 되어 온전한 사람을 이루어 그리스도의 장성한 분량이 충만한 데까지 이르시기를 주님의 이름으로 축복합니다.

전병래_기독교 칼럼〈아침 단상〉작가

머리말

"예수는 단순하게 믿는 게 제일 좋은 거 아닌가요?"
"단순하게 믿는 게 어떤 건데요?"
"그냥 믿는 거죠. 이것, 저것 따질 것 없잖아요."
"뭘 믿는데요?"
"예수님을 믿죠. 하나님도 믿고요."
"예수님이 어떤 분인데요?"
"그걸 왜 따져요. 그냥 믿는데…"

예전에 어떤 분과 주고받은 대화 내용입니다. 비단 그때만이 아닙니다. 교리라는 말만 들으면 질겁하는 교인을 한두 번 본 게 아닙니다. 심지어 그런 것을 따지지 말고 그냥 믿는 것이 바람직한 것인 양 얘기하기도 했습니다.

믿음은 그런 것이 아닙니다. 믿음이 믿음이려면 믿는 대상이 있어야 합니다. 자기가 믿는 대상에 대해서는 전혀 무지한 채 무조건 믿는다는 말이 무슨 영문인지 모르겠습니다.

기독교 신앙은 일단 객관적이어야 합니다. 자기 혼자 열심 내기 이전에 자기가 열심 내는 대상을 알아야 합니다. 이게 안 되면 신앙을 자가 발전하는 우를 범할 수 있습니다. 기도를 분별의 문제가 아닌 열심의 문제로 생각하는 것이 대표적인 오류입니다. 하나님은 전혀 관심이 없는 문제에 자기 혼자 바락바락 악을 쓰며 '믿습니다!'를 연발할 수도 있습니다.

그런 안타까움이 전부터 있던 차에 〈아는 사람 믿는 사람〉을 펴내게 되었습니다. 교회에서 늘 쓰는 용어인 하나님, 예수님, 성령님, 교회, 구원, 예배, 믿음, 기도, 주일을 나름대로 쉽고 깊게 설명했습니다. 또 권말 부록으로 절기를 다뤘습니다. 기독교 신앙의 요체가 구원인데 대부분의 교회에서 구원과 무관하게 절기를 지키는 것 같기 때문입니다. 흔히 추수감사주일을 1년 동안 받은 은혜에 감사하는 날이라고 하는데, 그렇게 말할 수 있는 근거가 성경에 없습니다.

바쁜 시간을 쪼개어 기꺼이 추천사를 써주신 강인구 목사님, 김관혁 목사님, 김영한 목사님, 김한중 장로님, 이예원 전도사님, 장순홍 목사님, 전병래 장로님과 책이 나오도록 산파의 역할을 해주신 정민교 목사님께 이 지면을 빌려 감사의 뜻을 전합니다. 베드로서원 방주석 장로님과 정진혁 부장님을 비롯한 베드로서원 가족들에게도 고마움의 인사를 전합니다. 모쪼록 이 책이 우리 신앙을 객관적으로 정립하는 데 한 조각 보탬이 되었으면 좋겠습니다.

주후 2025년 5월

하늘교회 목사 **강학종**

하나님

신 존재 증명

하나님이 정말 계실까? 혹시 계시다고 치는 것은 아닐까? 하나님의 존재가 과학적으로 입증되지도 않았는데 어떻게 믿느냐는 말을 한두 번 들은 것이 아니다. 하지만 별 도리가 없다. 과학으로 증명하려면 반복되어야 한다. 과학으로는 이미 존재하는 법칙을 확인할 수 있을 뿐이다. 결정적으로 과학은 하나님이 일하시는 법칙을 밝히는 학문이다. 그런 과학으로 어떻게 하나님의 존재를 입증한단 말인가?

사실 우리한테 필요한 것은 하나님이 계시다는 사실에 대한 논리적인 설명이 아니라 하나님이 어떤 분이냐 하는 것이다. 무엇보다 성경이 하나님의 존재를 입증하려는 시도를 하지 않는다. 창세기 1장 1절이 "태초에 하나님이 천지를 창조하시니라"이다. 하나님의 존재를 기정사실로 성경을 시작한다. 그러면 그 하나님을 어떻게 알 수 있을까?

신학과 계시

모든 학문에는 대상이 있다. 경제학, 법학, 신문방송학 등의 이름이 곧 그 대상이다. 경제를 대상으로 하는 학문이 경제학이고, 법을 대상으로 하는 학문이 법학이다. 그러면 신학은 신을 대상으로 하는 학문일까? 신을 연구해서 알 수 있으면 이미 신이 아니다. 정말로 신이 존재한다면 그 신은 인간의 이해 영역을 초월할 것이기 때문이다.

강아지가 주인을 알려면 어떻게 해야 할까? 강아지는 자기가 연구한 만큼 주인을 알 수 있는 것이 아니라 주인이 보여준 만큼 알 수 있다. 어떤 조직폭력배 두목이 강아지를 기른다고 하자. 그 강아지가 아는 주인은 자기를 귀여워해주고 먹을 것을 주는 '마음씨 좋은 사람'이다. 주인이 밖에서 무슨 일을 하는지 알 재간이 없다.

우리가 신을 이해하려면 신을 연구하기 이전에 신이 자신을 알려줘야 한다. 신학적인 용어로 계시라고 한다. 신이 계시의 주체이면서 대상인 셈이다. 그러면 우리가 말하는 하나님은 어떤 분일까?

먼저 그리스신화에 나오는 신들을 생각해 보자. 하나님이 계시지 않은데 사람이 신을 상상할 수 있을까? 사람이 신을 상상한다는 사실 자체가 하나님이 계시다는 방증일 수 있다.

1961년에 소련의 유리 가가린이 최초로 우주 궤도에 진입했다. 그때 소련의 최고 권력자인 흐루쇼프가 황당한 발언을 했다. "우주에 사람을 보냈지만 신을 보지 못했다고 한다. 이렇게 해서 신이 존재하지 않는다는 사실이 증명되었다."

C. S. 루이스가 전혀 다른 말을 했다. 1층에 사는 사람이 2층에 올라가면 2층에 사는 사람을 만날 수 있지만 우리와 하나님의 관계는 그렇지 않다는 것이다. 하나님은 하늘에 사시는 분이 아니라 온 우주를 초월해 계시며 심지어 우리를 창조하신 분이이어서 우리와 하나님의 관계는 1층과 2층 주민이 아니라 햄릿과 셰익스피어의 관계에 가깝다고 했다.

어쨌든 그리스신화에 나오는 신은 한둘이 아니다. 신이 많다는 얘기는 전능하지 않다는 뜻이다. 인격도 그리 훌륭하지 않다. 예컨대 제우스는 상당한 바람둥이이고 헬라는 질투의 화신이다. 신이 사람과 다른 점은 죽지 않는다는 사실과 능력이 뛰어나다는 사실뿐이다.

이런 신이 왜 등장하느냐 하면, 사람의 상상력이 만든 신이기 때문이다. "신은 이런 존재일 것이다"라는 생각으로 신적인 요소를 부여했는데, 그것이 죽지 않는 것과 초월적인 능력이다. 인격은 사람과 동일하다. 사람이 화낼 만한 일에 신도 화를 내고, 사람이 미혹될 만한 일에 신도 미혹된다.

설마 하나님이 그런 분일까?

하나님과 우리

하나님은 나중에 생각하기로 하고 천국을 생각해 보자. 천국이 어떤 곳일까? "천국이 어떤 곳입니까?"라고 물으면 "마냥 좋은 곳", "행복이 있는 곳", "원하는 것은 무엇이든지 이루어지는 곳"이라는 답이 나올 것 같기도 하다.

천국이 그런 곳이면 입장권만 있으면 된다. 마치 영화관에서 입장권 소지 여부만 따지지, 그 사람이 누구인지 묻지 않는 것과 같다. 구원은 행위가 아닌 믿음으로 얻는다는 말이 그런 오해를 더 부추긴다. 믿는 사람과 믿지 않는 사람의 차이는 일요일에 늦잠 자느냐, 교회 가느냐 하는 것뿐이다.

천국은 행복이 극대화되는 곳이 아니라 거룩이 완성되는 곳이다. 원하는 것은 무엇이든지 이루어지는 곳이 아니라 하나님이 계신 곳이다. 기독교에 우호적이기만 하면 들어갈 수 있는 곳이 아니라 하나님 보시기에 합당해야 들어갈 수 있는 곳이다. 그리고 하나님 보시기에 합당한 사람은 예수를 믿는 사람이다.

예수를 믿는 사람이 어떤 사람일까? 예수님이 십자가에 달려 돌아가셨다는 사실에 이의를 제기하지 않는 사람일까? 그렇다면 사탄도 구원받아야 한다. 단언컨대 하나님을 모시고 살던 사람은 하나님이 계신 곳으로 가고, 하나님 없이 살던 사람은 하나님이 안 계신 곳으로 간다.

그럼 다시 생각해 보자. 하나님이 어떤 분일까? 만일 하나님이 계시다면 그분은 우주 만물을 창조한 분이어야 한다. 또 나이가 굉장히 많은 분이어야 한다. 우주가 생기기 전부터 계셨어야 한다. 굉장히 지혜로워야 하고, 능력도 많아야 한다. 모르는 것이 없어야 하고, 못하는 것이 없어야 한다. 사도신경으로 신앙을 고백할 때 "나는 전능하신 아버지 하나님, 천지의 창조주를 믿습니다."라고 하는 것처럼 하나님은 전능하셔서 천지를 창조하신 분인데, 우리한테는 아버지와 같은 분이다. 그러면 우리한테 하나님을 엿볼 수 있는 단서가 있어야 한다.

신학생 시절, 우리나라에서 유명하다 싶은 목사들의 설교 테이프를 참 많이 들었다. 한 번도 뵌 적이 없지만 음성만 들으면 누구인지 금방 알았다. 그렇다고 해서 책으로 보면 몰랐을까? 음성으로 듣지 않고 책으로 읽어도 누구 설교인지 다 알 수 있었다. 설교에는 설교자가 녹아 있게 마련이다. 마찬가지로 우리에게는 하나님의 DNA가 있다. 그것을 확대하면 어렴풋하게나마 하나님이 보인다.

만일 하나님이 계시면 그 하나님은 나이가 무지무지 많아야 한다고 했다. 그런 모습이 우리에게도 투영되어 있다. 우리 영혼이 영원하다는 사실이다. 영원하신 하나님의 속성이 우리에게 나타난 것이 영혼의 불멸성이다. 또 하나님은 전지전능하시다. 그런 하나님의 속성도 우리에게서 엿볼 수 있다. 모든 피조물 중에서 우리가 단연 으뜸이라는 사실이다. 인간이 만물의 영장이다.

창조론 vs 진화론

진화론으로는 도무지 설명이 안 되는 두 가지 사실이 있다. 하나는 생명의 기원이고 다른 하나는 인간의 독보적인 탁월함이다.

대체 어떤 정신 나간 물고기가 기를 쓰고 물 밖에서 사는 것을 연습한 끝에 개구리가 되었을까? 파충류가 조류로 진화했다는 얘기는 어떤 도마뱀이 부지런히 앞발을 흔들면서 하늘을 나는 연습을 했더니 앞다리가 점점 날개로 변했다는 얘기다. 하지만 완전하게 변한 것은 아니어서 그 새끼가 어미의 뜻을 받들어 계속 하늘을 나는 것을 연습하고, 그 새끼도 그렇게 하고… 이런 과정을 수없이 되풀이해서 하늘을 날 수 있게 되었다는 뜻이다.

그런 억지를 잠깐만 받아들여서 아메바가 진화해서 고등동물이 되었다고 하자. 아무리 그래도 생명이 없던 것에서 생명이 만들어지는 진화도 있을까? 진화론자들은 그것을 '우연'이라는 단어로 설명한다.

블랙홀 이론을 정립한 로저 펜로즈에 의하면 지금처럼 질서 정연한 우주가 우발적인 사건으로 만들어질 확률은 1천억의 123배 분의 1이라고 한다. 우주가 $100,000,000,000 \times 123$번 생성되어야 그중에 한 번 정도 지금 같은 우주가 만들어진다는 것이다. 그리고 그런 우주에서 생명이 탄생할 확률은 별도로 계산해야 한다.

원숭이 우리에 타자기를 놓아두면 원숭이가 타자기 자판을 건드릴 수 있다. 이때 우연히 뜻이 있는 단어가 타이핑될 확률도 있을 것이다. 더 기가 막힌 우연이 벌어지면 문장이 만들어질 수도 있다. 그보다 훨씬 더 극한 우연이 벌어지면 단편소설이 쓰일 수도 있을 것이다. 진화론자들이 말하는 생명의 기원이 이런 식이다. 매주 복권을 사는 백수를 '가능성 있는 젊은이'라고 한다는 농담을 들은 적이 있는데 진화론자들에게는 진담일까?

또 진화론으로 따지면 모든 생명체의 출발선이 같아야 하는데 왜 유독 사람만 독보적인 존재가 되었는지 설명이 되지 않는다.

시험을 보면 성적순으로 등수를 매길 수 있다. 평균 99점인 학생도 있을 수 있고, 평균 14점인 학생도 있을 수 있다. 그 사이에는 평균 87점, 72점, 64점, 53점, 49점 등 수두룩한 점수가 있을 것이다.

사람을 만물의 영장이라고 한다. 이 세상 모든 만물 중에 사람이 단연 으뜸이다. 이 세상 만물에 점수를 매기면 99점, 97점, 92점, 87점… 76점, 74점… 32점, 21점, 16점, 8점, 6점 등등 수두룩한데 그중에 사람이 99점인 경우가 아니다. 사람은 99점인데 모든 만물은 2점, 6점, 8점, 7점, 5점, 4점이다. 중간 점수대가 없다. 유독 사람만 현저하게 탁월하다. 동물은 주어진 현실에 적응하며 사는 반면, 사람은 현실을 살면서도 현실 너머를 보고 현실을 초월한 상상을 한다.

돌고래나 개, 침팬지의 지능이 높다고 하지만 이런 동물을 아구리 훈련시켜도 예배를 드리게 할 수는 없다. 그런데 사람은 본성적으로 절대자에 대한 인식이 있다. "무신론자도 있지 않으냐?"라고 할 것

하나님

없다. 그 역시 신에 대한 개념이 있으니까 가능한 것이다.

창조론은 종교의 영역에 속한 것이지만 진화론은 과학의 영역에 속한 것처럼 말하는 사람이 있다. 정말 그럴까? 창조론을 종교의 영역에 속한 것으로 여기는 이유는 신의 존재 때문이다. 하지만 진화론에는 신보다 훨씬 더 전능한 '우연'이 있어야 한다. '우연'과 '시간'의 결합이 '진화'이다. 진화론을 신봉하려면 창조론을 믿는 것보다 훨씬 더 '믿음'이 좋아야 한다. 맨정신으로는 도저히 믿을 수 없다. 그럼에도 불구하고 진화론을 믿는다는 사람이 있는데, 그런 사람은 몸에 병이 있어도 고치려 들지 말아야 한다. 생물학적인 진화 과정일 수 있다. 등에 난 종기가 어쩌면 날개가 나오는 과정일 수 있고, 폐암은 허파가 부레로 변하는 과정일 수 있다. 항암 치료를 하지 않고 그냥 두면 인어처럼 물에서도 살 수 있을지 모른다.

하나님의 DNA

모든 부모가 다 자식을 사랑한다. 그 이유가 무엇일까? 한번은 매제가 누이동생을 타박했다. "당신 눈에는 아들만 보여? 남편은 안중에 없는 거야?" 누이동생이 태연하게 말했다. "당신은 남의 아들이잖아." 농담 형식을 빌린 말이지만 마냥 농담일까?

내 고향은 제주도다. 제주시를 조금 벗어난 시골에서 자랐다. 형이 고 3 때, 제주시에 있는 이모 집에서 지낸 적이 있다. 통학 시간을 줄여서 공부에 전념하기 위해서였다. 어느 이날 아침이었다. 형이 아침 일찍 집으로 왔다. 마당에서 "어머니!"하고 부르자, 어머니가 이 시간에 무슨 일이냐고 깜짝 놀랐다. 형 손에는 직접 만든 카네이션이 들려 있었다. 형이 카네이션을 달아드리자, "이것 때문에 일부러 왔느냐?"며 어머니가 눈물을 글썽였다. 문제는 그다음이었다. 두런거리는 소리에 밖에 나온 아버지가 형을 봤다. 형은 "아버지, 이거…"하고, 카네이션을 내밀었는데 아버지가 버럭 언성을 높였다. "시간이 그렇게 남아돌아? 학교에 왔다 갔다 하는 시간 아껴서 공부하라고 이모 집에 보냈는데 쓸데없이 이런 것은 왜 만들어?"

형이 카네이션을 만들어 오자, 어머니는 마냥 좋아하셨지만 아버지는 불쾌하게 여기셨다는 뜻이 아니다. 표현은 상반되었지만 두 분의 마음은 똑같다. 모든 부모가 자식을 극진히 아낀다. 자식이 잘되는 것 외에 다른 소원이 있을 수 없다.

이런 마음이 사람에게만 있는 것은 아니다. 짐승들도 마찬가지다. 펭귄의 경우, 암컷이 알을 낳으면 수컷이 알을 품는다. 알을 낳느라 지친 암컷은 알을 수컷에게 맡기고 영양 보충을 위해 바다로 떠난다. 그러면 수컷은 혼자 알을 품는다. 암컷이 돌아와서 교대를 해주지 않으면 꼼짝없이 굶어 죽는데, 굶어 죽을지언정 알을 두고 먹이를 구하러 떠나지는 않는다. 아닌 게 아니라 암컷이 돌아온다는 보장이 없다. 바다에 나갔다가 상어에게 잡아먹힐 수 있기 때문이다. 그래도 배가 고프다는 이유로 알을 품다 말고 먹이를 구하러 나가는

하나님 27

법이 없다.

새끼를 돌보는 정성은 짐승도 마찬가지다. 그런데 극명한 차이가 있다. 짐승이 새끼를 돌보는 기간은 한시적이다. 새끼가 장성하면 끝이다. 새끼가 자라서 성체가 된 다음에는 오히려 경쟁 상대가 된다.

짐승의 모성애는 본능에 근거한 행동이다. 어미한테 그런 본능이 없으면 새끼가 자랄 수 없다. 하나님이 종족 보존을 위해서 짐승에게 모성 본능이 있게 하신 것이다.

사람은 그렇지 않다. 부모가 자식을 돌보는 행위를 2세의 생존을 위한 본능으로 설명할 수는 없다. 예전에 상영된 영화 〈공공의 적〉에 재산 욕심 때문에 부모를 살해한 패륜아가 나온다. 사건을 해결할 실마리가 도저히 없었는데 어머니 식도에서 아들 손톱이 발견된다. 어머니가 아들이 자기를 죽이는 충격 속에서도 바닥에 떨어진 아들 손톱을 보고는 그것을 집어서 삼킨 것이다. 아들은 돈 때문에 어머니를 죽였지만 어머니는 그런 아들을 보호하려고 했다.

이런 차이가 왜 있을까? 복잡하게 생각할 것 없다. 우리한테 하나님의 DNA가 있기 때문이다.

우리를 사랑하시는 하나님의 뜻

성경은 우리를 하나님의 양자라고 한다. 예수님은 하나님의 친자이고 우리는 양자이다. 양자의 법적 지위는 친자와 동등하다. 양자라고 해서 친자보다 못한 것이 전혀 없다. 그 정도가 아니다. 입양을 하는 이유는 단지 사랑하고 아껴주기 위해서다. 예기치 않은 임신은 있어도 예기치 않은 입양은 없다. 입양에는 언제나 적극적이고 능동적인 의지가 개입된다. 하나님이 우리를 그렇게 부르셨다.

이런 말을 들으면 "그런데 왜 내 기도는 안 들어주느냐?"라고 할 수 있다. 그에 대한 답을 듣기 전에 먼저 생각해야 할 사실이 있다. 사람은 하나님이 자기를 사랑하신다는 엄청난 사실 앞에서도 그 사실을 핑계로 자기 욕심을 챙기는 데만 마음을 쓴다. 사람과 사람 사이에서도 사랑을 도구로 자기 이익을 탐하는 사람은 지탄받는다. 그런데 우리가 하나님께 그렇게 한다.

각설하고, 하나님이 우리를 사랑하신다. 그래서 우리와 교제하기 원하신다. 하나님이 가장 좋아하시는 것이 우리와 시간을 보내는 것이다. 우리의 관심은 "하나님이 우리를 사랑한다는데 왜 내 기도는 안 들어줍니까?"인데, 하나님은 우리를 사랑하셔서 우리와 교제하기 원하신다. 하나님과 우리의 차이가 극명하게 대조된다.

> 그러므로 이스라엘의 하나님 나 여호와가 말하노라 내가 전에 네 집과 네 조상의 집이 내 앞에 영원히 행하리라 하였으나 이제 나 여호와가 말하노니 결단코 그렇게 하지 아니하리라 나를 존중히 여기는 자를 내가 존중히 여기고 나를 멸시하는 자를 내가 경멸하리라(삼상 2:30)

신자 중에 하나님을 멸시하는 사람이 있을까? 아무래도 없을 것 같다. 그런데 성경에 이런 말씀이 있다. 하나님이 누군가에게 멸시를 받는다는 뜻이다.

하나님을 존중하느냐, 멸시하느냐 하는 얘기는 "예배를 빼먹느냐, 안 빼먹느냐?"로 따지는 것이 아니다. 하나님의 뜻을 외면하는 것이 하나님을 멸시하는 것이다. 정말로 하나님을 존중한다면 하나님의 뜻을 존중해야 한다. "하나님은 싫어하시겠지만 지금은 별수 없다"라는 생각을 한다면 그때마다 하나님이 멸시받는다고 느낄 것이다.

물론 우리가 하나님의 뜻을 일일이 알 수는 없다. 그러면 아는 것부터 행하면 된다. 알고 있는 하나님의 뜻은 무시하면서 다른 도우심을 구하는 것은 어불성설이다. 게다가 사람들이 구하는 하나님의 뜻은 주로 자기의 형통을 종교적인 용어로 포장한 경우가 대부분이다.

하나님의 뜻은 상황이나 환경에 있지 않고 주어진 자리에서 어떻게 반응하고 선택하는가에 있다. 예컨대 동쪽으로 가는 것이 하나님의 뜻인지 서쪽으로 가는 것이 하나님의 뜻인지 물을 게 아니라 동쪽으로 가든지 서쪽으로 가든지 신자답게 처신하는 것이 하나님의 뜻이다.

하나님 vs 죄

하나님은 우리를 사랑하신다. 그래서 우리와 교제하고 싶어 하신다. 그런데 우리에게는 죄가 있다.

> 그들이 그날 바람이 불 때 동산에 거니시는 여호와 하나님의
> 소리를 듣고 아담과 그의 아내가 여호와 하나님의 낯을 피하여
> 동산 나무 사이에 숨은지라(창 3:8)

아담, 하와가 선악과를 먹은 다음의 일이다. 하나님의 소리가 들리자, 나무 사이에 숨었다. 아담, 하와가 하나님의 소리를 들은 것이 그날이 처음이었을까? 아마 지금까지는 하나님의 소리가 들릴 때마다 얼른 뛰어나가서 하나님과 교제를 나누었을 것이다. 하지만 상황이 달라졌다. 그들에게 죄가 있었다.

창세기에 무슨 내용이 있느냐고 물으면 하나님이 천지를 창조한 기록이 있다는 답이 제일 많이 나올 것 같다. 물론 그런 내용도 있다. 하지만 그것은 창세기라는 제목이 주는 어감 때문이다. 창세기에는 "인간이 죄를 범하자 이 세상이 얼마나 엉망이 되었느냐?"에 대한 내용이 있다. 아담, 하와가 선악과를 먹은 얘기가 3장에 나오는데 이어지는 4장에서 가인이 아벨을 죽인다. 그리고 6장부터 노아 홍수 이야기가 나온다. "인간이 죄를 범하자, 이 세상은 형이 동생을 죽이는 세상이 되었다. 홍수로 심판받아 마땅한 세상이 되었다. 모두가 엉망이었다."라는 뜻이다.

죄를 얘기할 때 먼저 알아야 할 사실이 있다. 하나님은 인격이 있

는 분이라는 사실이다. 차선을 위반하면 교통경관이 단속한다. 화를 내면서 단속하지 않는다. 정중하게 거수경례를 하고 운전면허증을 보여 달라고 한 다음 과태료 처분을 내린다. 하나님은 그런 식으로 반응하지 않으신다.

어떤 사람이 출장을 갔는데 일이 일찍 끝났다. 아내를 놀라게 하려고 일부러 연락을 하지 않고 들어왔다. 마침 아내가 통화 중이었다. 살금살금 아내의 뒤로 다가가자, 아내의 통화 내용이 들렸다. 갖은 교태를 떨며 다른 남자와 통화를 하고 있었다.

청천벽력 같은 일이다. 뒤도 안 돌아보고 밖으로 나왔다. 밤새 술을 마셨다. 그러고는 집에 들어갔는데 그 남자 눈에 아내가 어떻게 보일까? 보나마나 추하게 보일 것이다. 우리가 하나님께 그런 죄를 범했다. 우리는 교통법규를 위반한 사람이 아니라 신의를 저버린 배우자다.

문득 궁금한 것이 있다. 선악과를 먹기 전의 아담, 하와도 우리처럼 생겼을까? 본래 우리와 비교할 수 없을 만큼 영광스러운 모습이었는데 죄로 인해서 우리처럼 된 것은 아닐까?

누가복음에 엠마오로 가는 두 제자가 부활하신 예수님을 만났는데 알아보지 못했다는 내용이 나온다. 예수님 모습이 변한 것이다. 아무래도 범죄 한 다음의 아담, 하와의 모습은 범죄 하기 전과 달랐을 것 같다.

〈한자에 담긴 창세기의 발견〉이라는 책이 있다. 한자에 성경 내용을 배경으로 하는 글자가 더러 있다면서 그것을 설명한 책이다. 정설로 인정되는 주장은 아니지만 일리는 있다.

'옳을 의(義)'는 양(羊)과 나(我)가 결합한 글자다. 옳다는 사실을 나타내는 데 하필 양이 등장한다. 구약시대의 희생 제사를 연상하는 것이 억지일까? '아름다울 미(美)'는 어떤가? 왜 양(羊)이 큰 것(大)을 아름답다고 했을까? '희생 희(犧)'는 소(牛), 양(羊), 빼어나다(秀), 죽이다(戈)가 합쳐진 글자다. 희생 제사에 쓰이는 제물은 아무런 흠이 없어야 했다. 아무래도 한자를 만든 사람이 레위기의 내용을 알았던 것 같다.

한자는 글자 수가 워낙 많다 보니 성경 내용이 연상되는 글자가 있을 수도 있다. 그런데 우연이라고 하기에는 너무 절묘하다. '배 선(船)'은 배(舟)와 여덟(八), 사람(口)이 합쳐진 글자다. 배(舟)에 왜 하필 여덟 명이 탔을까? 자연스럽게 노아의 방주가 연상된다. '금할 금(禁)'은 어떤가? 두 그루의 나무를 보는 것으로 금지한다는 뜻을 나타냈으니 생명나무와 선악과나무가 연상된다. '벗을 라(裸)'는 옷(衣)과 실과(果)가 합해진 글자이다.

'불 화(火)'는 사람의 좌우에 광채가 발산하는 모습이다 불을 뜻하는 글자를 이렇게 만든 것을 보면 태초의 아담, 하와에게는 우리가 알지 못하는 영광스러운 광휘가 있었던 것이 아닐까?

지금의 우리에게는 아무런 광휘도 없다. 죄로 인해서 부패했기 때문이다. 부정한 아내가 다른 사람 눈에는 아무렇지 않게 보여도 남

하나님

편에게는 추하게 보이는 것처럼 우리에게는 우리가 정상으로 보여도 하나님께는 혐오스럽게 보일 것이다. 우리가 범한 죄가 인격적인 죄이기 때문이다.

사람들이 하나님의 뜻을 범하는 것을 대수롭지 않게 여기는 이유는 그것이 인격적인 범죄라는 사실을 몰라서 그렇다. 그리고 궁극적으로 하나님을 사랑하는 마음이 없어서 그렇다. 하나님을 사랑하지 않으니 하나님 마음을 헤아릴 이유가 없다.

우리의 과제

하나님은 우리를 사랑하신다. 또 전능하시다. 그래서 하나님의 전능하심이 우리와의 교제 회복을 위해서 동원된다. 우리는 하나님이 우리를 사랑하시고 전능하시다는 사실을 핑계로 우리의 욕구를 충족하려고 하지만 하나님의 관심은 다른 곳에 있다.

아무나 하나님과 교제할 수 있는 것이 아니다. 신자만 교제할 수 있다. 그런데 문제가 있다. 우리가 하나님과 교제하기를 즐겨하지 않는다는 사실이다. 하나님은 우리를 사랑하시는데 우리는 하나님을 사랑하지 않는다. 불신자 때 버릇이 여전히 남아 있는 탓이다.

오래전의 일이다. 외숙모가 내리 딸 셋을 낳고 네 번째 아들을 낳았다. 외할아버지가 얼마나 기뻐하셨는지 모른다. 명절이 되자, 손자의 한복 단추를 순금으로 만들어 주셨다.

외할아버지의 병세가 깊어지셨다. 늘 손자를 찾았다. 손자를 머리맡에 앉히고는 손을 꼭 잡고 이런저런 말씀을 하셨다. 손자는 어떻게 했을까? 할아버지의 생명이 얼마 남지 않은 것에는 관심이 없었다. 누나들은 밖에서 노는데 왜 자기는 놀지도 못하고 할아버지 옆에 앉아 있어야 하는지 그것이 불만이었다. 어쩌면 하나님과 우리의 모습일 수 있다. 하나님은 늘 우리와 함께 있고 싶어 하시는데 우리는 세상에만 관심이 있다.

　결론을 맺는다. 하나님이 세상의 주인이다. 그러면 하나님께 잘 보이는 것이 중요하다. 또 하나님은 무지무지 높은 분이다. 우리가 표할 수 있는 최고의 경의를 표해도 모자라다. 또 우리를 지극히 사랑하셔서 우리와 함께 있고 싶어 하신다. 그래서 우리의 죄 문제에 관심이 있으시다. 우리한테 죄가 없어야 하나님이 우리와 함께 거하실 수 있기 때문이다. 그런 분이 우리 하나님이다. 우리한테 남은 일이 있다면 우리 역시 하나님을 사랑하는 일이다.

묵상을 위한 질문

---

1. 우리한테 하나님의 존재는 다분히 주관적으로 확인된다. 인생 속에서 "하나님이 과연 계시구나!" 하고 느꼈던 순간이 있다면 언제인가?

2. 하나님은 우리가 원하는 것을 주시지 않고 필요한 것을 주신다. 자기가 원하는 것을 자기한테 필요한 것이라고 우겼던 적이 있다면 어떤 때였을까?

3. 하나님께 떼를 써서라도 하나님의 뜻에 반하는 자기 뜻을 고집하고 싶은 적이 있다면 어떤 경우일까?

예수님

하나님을 믿으면 구원 얻느냐는 질문을 받은 적이 있다. 당연한 것 같지만 그렇지 않다. 하나님이 아니라 예수님을 믿어야 한다. 예수님을 통하지 않은 하나님은 하나님이 아니기 때문이다. 우리가 유대교를 인정하지 않는 이유이기도 하다. 그러면 예수님은 누구일까?

예수님은 그리스도이다.

예전에 예수 그리스도가 무슨 뜻이냐는 질문을 받은 적이 있다. 예수 그리스도는 이를테면 강학종 목사와 같은 경우다. 강학종은 내 이름이고 목사는 내가 맡은 직분인 것처럼 예수는 하나님의 아들이 이 땅에 와서 사용한 이름이고 그리스도는 맡은 직분이다.

그리스도는 '기름 부음을 받은 자'라는 뜻의 헬라어다. 히브리어로는 메시야라고 한다. 이스라엘에서는 취임할 때 기름 부음을 받는 세 가지 직분이 있었다. 왕과 제사장 그리고 선지자다. 이렇게 따지면 다윗이나 아론, 이사야, 엘리야가 다 그리스도이다. 그런데 교회에서 그리스도라고 할 때는 으레 예수님을 가리킨다. 그리스도 앞에 정관사 the가 있기 때문이다. 그리스도는 그리스도인데 특정의 그리스도를 말한다. 결국 예수님이 그리스도라는 얘기는 예수님이 우리를 위한 왕이고 제사장이고 선지자라는 뜻이다.

이스라엘(남 왕국 유다)이 주전 586년에 바벨론에 망한다. 바벨론을 이어 바사가 등장하고 바사를 이어 헬라, 헬라를 이어 로마가 등장한다. 이스라엘의 운명도 바벨론에서 바사, 헬라를 거쳐 로마로 넘어갔다. 그런 시기를 보내면서 메시야 대망 사상이 생긴다. 언젠가 다윗의 후손 가운데 메시야가 와서 자기들을 구원해준다는 것이다. 막연한 요망 사항이 아니다. 그들한테는 나름대로 근거가 있었다.

> 내가 네 몸에서 날 네 씨를 네 뒤에 세워 그의 나라를 견고하게 하리라 그는 내 이름을 위하여 집을 건축할 것이요 나는 그의 나라 왕위를 영원히 견고하게 하리라(삼하 7:12b-13)

다윗이 성전을 건축할 마음을 먹었을 때 하나님께서 성전은 솔로몬을 통해서 짓게 하겠다고 하시면서 장차 그의 나라를 영원히 견고하게 하겠다고 하셨다. 하나님이 말씀하신 나라는 다윗의 후손으로 오는 그리스도의 나라였지만 유대인들은 다윗 왕조가 영원할 것이라는 뜻으로 받아들였다.

하나님 말씀이 틀릴 리는 없다. 다윗의 나라가 영원히 견고하려면 다윗의 후손 가운데 누군가 와서 다윗 왕조를 일으켜야 한다. 이스라엘이 그런 메시야를 기다렸다.

그 메시야가 어떤 메시야일까? 일단 자기들을 이방의 압제에서 구해주어야 한다. 또 자기들이 다시 이방의 압제에 빠지지 않도록 자기들을 지켜줘야 한다. 이스라엘이 그런 메시야를 기다렸다. 다윗의 후손인 메시야가 와서 자기들을 구해주고, 그 옛날 다윗 시대 같은 강력한 나라를 만들어주기를 바랐다. 이스라엘이 기다린 메시야는 구세주이면서 왕이었다.

> 천사가 이르되 무서워하지 말라 보라 내가 온 백성에게 미칠 큰 기쁨의 좋은 소식을 너희에게 전하노라 오늘 다윗의 동네에 너희를 위하여 구주가 나셨으니 곧 그리스도 주시니라 (눅 2:10-11)

천사가 목자들한테 큰 기쁨의 좋은 소식을 전한다. 다른 말로 복음이다. 복음의 내용은 다윗의 동네에 구주가 나신 것인데, 그 구주는 그리스도 주이다. 구주는 Savior(구원자, 구세주)이고 주는 Lord(왕, 주인)이다. 이스라엘이 그토록 기다리던 메시야가 온 것이다. 자기들을 구원해줄 뿐만 아니라 다스리기도 할 것이다.

예수님

그렇다면 우리가 예수님을 구세주로 고백하는 것으로는 부족하다. 예수님은 우리 왕이어야 한다. 예수님이 우리를 구원했다고 고백만 하면 되는 것이 아니라 그 예수님을 왕으로 모셔야 한다.

그런데 과연 그럴까? 예수님을 구세주로 고백하는 데는 필요한 것이 아무것도 없다. 그냥 고개만 끄덕이면 된다. 하지만 왕으로 고백하는 것은 다르다. 자기가 예수님 뜻에 순종해야 하는데 거기에는 자기 욕심이 걸린다. 예수님이 구세주라는 고백은 한 번 하는 것으로 평생 유효하지만 예수님이 자기 왕이라는 고백은 가끔 유보하고 싶을 수 있다. 그러면 그 사람은 신자일까, 아닐까?

명심해야 한다. 예수님은 우리의 모든 것을 통제하지 않으신다면 우리의 어떤 것도 통제하지 않으실 것이다.

또 예수님은 우리의 영원한 제사장이다. 구약시대에는 아론 자손이 제사장을 맡았다. 제사장이 하는 일은 백성의 죄를 하나님께 대신 고하는 일이다.

한 가지 차이가 있다. 구약시대 제사장은 소나 양, 염소, 비둘기를 제물로 삼아 제사를 드렸는데 예수님은 직접 제물이 되셨다. 제물에는 아무런 흠이 없어야 했던 것처럼 예수님 역시 그렇다.

본래 일한 사람은 먹고 일하지 않은 사람은 안 먹으면 된다. 그런데 일은 하지 않으면서 먹기만 하는 사람 때문에 일만 하고 못 먹는 사람이 생긴다. 그래서 일은 하지 않고 먹기만 하는 사람의 것을 빼앗아 일만 하고 먹지 못하는 사람한테 주자는 것이 사회주의자들이 말하는 프롤레타리아혁명이다.

이 내용을 빌릴 수 있다. 본래 의인은 자기 의로 살고 죄인은 자기 죄로 죽으면 된다. 만일 죄인이 의인처럼 살려면 의인이 죄인처럼 죽어야 한다. 죄인을 의인으로 만들기 위해서는 의인의 죽음이 필요하다. 예수님이 그 일을 맡으셨다. 직접 제물이 되어서 우리 죄를 해결하셨다.

법을 지키는 방법에는 세 가지가 있다. 하나는 액면 그대로 지키는 것이다. 고속도로의 제한 속도가 110km이면 110km 이하로 운전하면 된다. 부정적인 방법으로 지킬 수도 있다. 제한 속도를 어긴 다음에 범칙금을 내면 그것도 법을 지킨 것이다. 전자가 의인이 자기 의로 구원 얻는 것이라면 후자는 죄인이 자기 죄로 형벌받는 것에 해당한다. 대리인을 통해서 지키는 방법도 있다. 옛날 영국 왕실에는 왕자가 잘못했을 때 대신 매를 맞는 태동(笞童)이 있었다. 태동이 매를 맞으면 왕자가 매를 맞은 것으로 간주했다. 예수님이 우리 대신 죗값을 치렀는데 우리가 죗값을 치른 것으로 인정되는 것과 같다.

또 예수님은 우리를 위한 선지자다. 구약시대의 선지자는 하나님의 말씀을 맡아서 전했지만 예수님은 친히 말씀이 육신이 되어 이 땅에 오셨다.

고대 사람들에게는 사람은 신을 볼 수 없다는 생각이 있었다. 구약성경에도 사람이 하나님을 보면 죽는다는 내용이 나온다. 죄인인 사람은 하나님의 거룩을 감당할 수 없기 때문이다. 맨눈으로는 태양도 못 보는데 하나님을 무슨 수로 본단 말인가? 하나님이 하나님인 채로는 우리가 하나님을 알 수가 없다. 그래서 하나님이 인간이 되기로 하셨다. 말씀이 육신이 된 것이다. 구약시대 선지자들은 하나님의 뜻을 말로 설명했다면 예수님은 삶으로 보여주셨다. 예수님을 보면 하나님을 알 수 있다.

본래 하나님은 형상이 없으시다. 하나님에게 형상이 있다면 하나님이 계신 곳과 계시지 않은 곳이 구별된다. 공간의 제약을 받게 된다는 뜻이다. 말씀이 육신이 되면 그렇게 된다. 어떤 것에도 제한받지 않으시는 무한하신 분이 스스로 제한받는 존재가 되었다. 마치 창공을 마음대로 날아다닐 수 있는 새가 날기를 포기하고 땅에서 살기로 한 것과 같다.

예수님이 우리를 위해서 고난받았다고 하면 주로 십자가에 달리신 것을 떠올린다. 하지만 예수님께는 출생 자체가 고난이었다. 무한하신 분이 스스로 유한의 한계에 갇히셨다. 안셀무스가 그 이유를 이렇게 설명했다. "인간의 범죄는 하나님께 한 것이기 때문에 그 죄의 크기가 무한하다. 유한한 사람은 갚을 수가 없다. 그래서 무한하면서도 동시에 사람인 존재가 필요하게 되었다. 이것이 하나님이 사람이 되신 이유이다."

사람이 하나님께 죄를 범했다. 사람이 죄를 지었으니 사람이 해결해야 한다. 염소나 송아지가 해결할 수 없다. 그런데 죄를 지은 대상이 하나님이다. 설마 하나님이 아무 제물이나 받으실까? 당연히 하나님께서 받으실 만한 제물이 필요하다. 하나님이 인간이 되셔야 하는 이유가 여기에 있다.

선지자들은 이런 내용을 말로 설명했다. 하지만 예수님은 직접 보여주셨다. 예수님의 삶이 우리를 향한 하나님의 뜻이다.

예수님은 하나님의 아들이다.

"주는 그리스도시요 살아 계신 하나님의 아들이시니이다"가 베드로의 신앙고백이다. 우리는 유교적인 전통 때문에 아버지와 아들이라는 말에서 넘지 못할 격차를 떠올리는데 히브리 사회에서는 그렇지 않다. 아들은 "종이 아니라 그 집 상속자다"라는 뜻이다. 영광과 권세가 아버지와 동등하다. 예수님을 하나님의 아들로 고백한다는 얘기는 곧 예수님을 하나님으로 고백한다는 뜻이다.

어떤 아이가 교회학교에서 예수님이 하나님의 아들이라는 말을 들었다. 집에 와서 아빠한테 묻는다. "아빠하고 나하고는 서른 살 차이지? 하나님하고 예수님은 몇 살 차이야?" 잠시 생각하던 아빠가 대답했다. "응, 동갑이야."

하나님과 예수님 사이에 나이 차이가 있으면 하나님은 존재하고 예수님은 존재하지 않던 때가 있었다는 뜻이다. 그러면 예수님이 하

예수님

나님보다 조금 못한 분이 되는데 그럴 수는 없다. 예수님은 하나님과 동등한 분이다.

창세기가 "태초에 하나님이 천지를 창조하시니라"로 시작한다. 요한복음은 "태초에 말씀이 계시니라"로 시작한다. 하지만 같은 태초가 아니다. 창세기의 태초는 하나님이 천지를 창조하던 때이고, 요한복음의 태초는 하나님이 천지를 창조하기 이전이다. 예수님은 하나님이 천지를 창조하기 전부터 계셨다. 하나님보다 조금도 못하신 분이 아니다.

오래전에 성경에 삼위일체를 말하는 구절이 있느냐는 질문을 받은 적이 있다. 그때 "아버지와 아들과 성령의 이름으로 세례를 주라"라는 마태복음 28장 19절 말씀을 얘기했더니 선뜻 수긍을 하지 않았다. 하나님과 예수님과 성령님을 차례로 나열한 것이 어떻게 삼위일체의 증거냐는 것이었다. 내가 예전에 보았던 드라마 〈태조 왕건〉의 한 장면을 인용했다.

왕건이 궁예의 수하이던 시절, 해로를 이용해서 후백제 영토인 나주를 점령한 적이 있다. 궁예가 말한다. "왕 장군, 참으로 노고가 많았소. 이제 온 천하가 짐의 이름과 왕 장군의 이름을 크게 기억할 것이요." 그 말을 들은 왕건이 황망하게 아뢴다. "폐하, 당치도 않사옵나이다. 천하디 천한 소장의 이름이 어찌 감히 천하의 주인이신 폐하의 존성대명과 나란히 거명될 수 있겠사옵나이까? 말씀을 거두어 주옵소서."

신하의 이름이 왕의 이름과 같은 반열에 오를 수는 없다. 이름을 같이 나열한다는 얘기는 권위가 동등하다는 뜻이다. 이런 내용을 감안하면 아버지와 아들과 성령의 이름으로 세례를 주라는 얘기는 아버지와 아들과 성령이 갖는 권위 사이에 아무런 우열 차이가 없다는 뜻이다. 셋을 한꺼번에 발음할 수 없어서 차례로 나열한 것뿐이다.

우리가 사도신경으로 신앙을 고백할 때도 예수님을 하나님 우편에 앉아 계신 분이라고 한다. TV 사극에서 왕은 한가운데 좌정하고 신하들은 좌우에 시립하여 서 있는 것을 본 적이 있을 것이다. 신하가 왕과 나란히 앉을 수는 없다. 그런데 예수님은 하나님과 나란히 앉아 계신 분이다. 시립해서 하나님의 명을 기다려야 하는 분이 아니라 하나님과 동급인 분이다.

언젠가 고등학교 동창이 물었다. 교회는 안 다니지만 성경은 몇 번 읽었다고 한다.

"예수님이 하나님의 아들 맞냐?"

"맞겠지."

"사람이 어떻게 하나님의 아들일 수 있냐?"

"그럼 미친놈이겠지."

나를 난처하게 만들 속셈으로 물었는데 내가 너무 파격적인 답을 한 모양이다.

"넌 목사가 예수님을 미친놈이라고 하냐?"

"자기 입으로 하나님의 아들이라고 하는데 그럼 어떻게 하냐? 정말로 하나님의 아들이든지, 미친놈이든지 둘 중 하나지. 어쨌든 훌륭한 사람은 아니다."

내 얘기가 아니라 C. S. 루이스가 한 얘기다. 예수님이 스스로 하나님의 아들이라고 했다. 우리를 구원할 것이라고 했고, 다시 와서 세상을 심판할 것이라고 했다. 어떤 성인군자가 이런 말을 한단 말인가? 예수님은 미치광이나 사기꾼일 수도 있고 하나님의 아들일 수도 있지만 위대한 성현일 수는 없다. 우리는 예수님께 엎드려 경배할 수도 있고 아예 무시할 수도 있지만 적당히 공경할 수는 없다. 애초에 예수님이 그럴 여지를 두지 않으셨다.

예수님과 하나님의 나라

예수님이 공생애 사역을 시작하시자, 가는 곳마다 병자가 고침받고 귀신이 떠나가고 죽은 자가 살아났다. 하나님의 나라가 시작된 것을 보여주신 것이다. 하지만 이 세상 모든 병자가 다 낫고, 모든 귀신이 다 쫓겨나고, 모든 죽은 사람이 다 살아난 것은 아니다.

예수님이 "나사로야 나오라!"라고 부르시자, 죽은 나사로가 살아나왔다. 그때 예수님이 나사로의 이름을 부른 것이 천만다행이라는 말을 들은 적이 있다. 나사로 이름을 부르지 않고 그냥 "나오라!"라고 했으면 이미 썩어서 뼈만 남은 시신들까지 다 살아 나왔을 테니, 그 자리에 있던 사람들이 얼마나 놀랐겠느냐는 것이다.

예수님이 이 세상에 오셨다고 해서 그것이 곧 자기 일이 되는 것은 아니다. 예수님과 관계없는 사람이 얼마든지 있을 수 있다.

예전에 MBC에서 〈제1공화국〉을 방영한 적이 있다. 1945년 8월 15일이라는 자막과 함께 어떤 사람이 벽보를 붙이는 것으로 드라마가 시작한다. 금일 정오에 중대 방송이 있으니 모두 들으라는 내용이었다. 사람들이 웅성거리며 벽보에 관심을 보이자, 누군가 말한다. "우리 같은 사람하고는 아무 상관없으니 일이나 열심히 해" 정오에 한다는 중대 방송은 일본의 항복 선언이다. 아마 드라마에서는 해방이 느닷없이 찾아왔음을 보여주려고 그런 장면을 넣지 않았나 싶은데 실제로 해방과 상관없는 사람도 있지 않았을까?

조정래의 〈태백산맥〉에 김범우라는 사람이 나온다. 학병으로 끌려갔다가 해방된 지 5개월 보름 만에 돌아왔다. 그런데 독립운동을 한다며 집을 나간 김범우의 형은 그때까지 소식이 없었다.

어머니 마음이 어땠을까? 해방된 것이 문제가 아니다. 아들이 돌아와야 한다. 작은아들이 돌아온 것은 다행이라고 해도 큰아들은 어떻게 되었는지 모른다. 두 아들을 품에 안기 전에는 해방도 해방이 아니었다.

이런 경우는 특별하다 치고, 대부분의 백성은 해방의 기쁨을 제대로 누렸을까? 당시 우리나라는 농업 경제 사회였고 국민 80%가 소작농이었다. 광복 전에도 소작농이었고 광복 후에도 소작농이면 지내는 것은 똑같다. 그런데 해방이 되고 1년 단에 쌀값이 30배로 올

예수님 47

랐다. 해방이 아무리 감격스러운 일이라도 그런 감격이 마냥 이어지지 않을 수 있다.

예수님이 이 세상에 오신 것은 굉장한 사건이다. 예수님의 탄생을 기준으로 B.C.와 A.D.를 나눈다. 세계 역사의 분기점이 예수님이다. 예수님은 사망이 가득한 이 세상에 생명으로 오셨다. 거짓이 가득한 이 세상에 진리로 오셨고, 어둠이 가득한 이 세상에 빛으로 오셨다. 죄로 가득한 이 세상에 거룩으로 오셨다. 그런 예수님이 이 세상에 오셔도 자기 마음 안에 오시지 않으면 아무 소용이 없다. 예전에 한 대선 후보가 "살림살이 좀 나아지셨습니까?"라는 화두를 던진 적이 있다. 국민 소득이 5만 불이 되고 10만 불이 되는 것이 문제가 아니다. 자기 집 살림살이가 중요하다. 예수님이 온 인류의 구세주로 이 세상에 오신 것이 문제가 아니라 자기한테 와야 한다.

예수님과 십자가

초등학교 3학년 때의 일이다. 내가 반장이었는데 선생님이 교실을 비울 때마다 칠판에 떠드는 학생 이름을 적으라고 하셨다. 나는 그때마다 난처한 상황에 빠지곤 했다. 친한 여학생이 짝꿍과 소곤댔기 때문이다.

그 여학생 이름은 적지 않고 짝꿍 이름만 적을 수는 없다. 그렇다고 그 여학생 이름을 적는 것도 차마 못할 일이었다. 별수 없이 못

본 척했다. 그러면 이내 말썽이 생긴다. 이름 적힌 학생들이 불간을 말하기 때문이다. 누구는 적고 누구는 안 적느냐고 할 때마다 나는 할 말이 없었다.

하나님은 인간을 사랑하신다. 그런데 인간이 죄를 범했다. 인간을 심판하면 사랑의 대상이 없어지고, 심판하지 않으면 하나님의 공의가 손상된다. 이럴 수도 없고 저럴 수도 없는 문제에 초등학교 3학년 때의 나는 속수무책이었지만 하나님께는 방법이 있었다.

어떤 책에서 재미있는 내용을 읽었다. 교회에 새로 부임한 목사가 있었다. 예배당 건축 문제로 재정이 무척 어려운 교회였다. 다른 문제도 있었다. 그 마을에서 불량하기로 소문난 형제가 그 교회에 출석했다. 평일에는 동네에서 말썽을 피우고 주일이면 교회 와서 말썽을 피웠다. 그러던 어느 날, 갑작스런 사고로 형이 세상을 떠났다. 동생이 찾아와서 말했다. "목사님, 형의 장례를 교회에서 치러주시면 건축 비용은 제가 다 부담하겠습니다. 단, 한 가지 조건이 있습니다. 장례를 집례하시면서 제 형은 참으로 성자 같은 사람이었다고 한 말씀만 해주십시오."

참 난감했다. 잘하면 건축 자금이 단번에 해결될 수 있지만 온 마을 사람들이 다 아는 깡패를 어떻게 성자 같은 사람이었다고 한단 말인가? 잠시 생각에 잠겼다. 그리고 알았다고 했다. 건축 자금이 워낙 쪼들리니 별 도리가 없었던 모양이다.

장례식 날이 되었다. 유명한 깡패가 죽었다는 소문에 상당히 많은 사람들이 모였다. 설교가 시작되었다. 고인의 행실에 대한 얘기도 나왔다. "고인은 우리 모두에게 고통을 안겨준 장본인입니다. 우리가 고인 때문에 얼마나 불안하게 지냈는지 다 아실 것입니다. 하지만 아직 살아 있는 고인의 동생에 비하면 참으로 성자 같은 사람이었습니다."

자기 형이 성자 같은 사람이었다는 말을 듣는 것을 싫어할 동생은 없다. 하지만 조건이 있다. 자기 위상은 침해받지 말아야 한다. 형이 성자 같은 사람이었다는 말을 듣는 것은 좋지만 그 일을 위해서 자기가 묵사발이 되어야 한다면 생각을 다시 해야 한다.

죄에 빠진 인간을 구원하는 일을 누가 반대하겠는가? 하지만 그 대가를 자기가 치르는 것은 다르다. 그런데 하나님은 기꺼이 거기에 동의하셨다. 친히 인간의 몸을 입고 대신 죗값을 치르셨다.

군대에서 일병이 병장에게 대들면 어떻게 될까? 요즘 군대는 모르겠지만 내가 복무하던 시절 같으면 내무반이 발칵 뒤집힐 일이다. 그럼 일병이 중대장에게 대들면 어떻게 될까? 심지어 연대장에게 대드는 것은 상상이 안 된다. 그러면 사단장에게 대드는 것은 어떤가? 대들었다는 사실은 같을지 몰라도 누구에게 대들었는지에 따라 죄의 무게가 달라진다. 하물며 우리는 하나님께 대든 사람들이다.

자기 약혼자가 아가씨의 시중을 받으며 술을 마시는 것을 좋아할 여자는 없다. 친구들과 어울려 소개팅에 나가는 것도 마찬가지다. 그러면 마음속으로 짝사랑하는 여자가 있는 것은 어떨까? 다른 여자 손목을 잡은 것도 아니고 시간을 함께 보낸 것도 아니다. 마음속으로 생각만 했다. 하지만 그 역시 말이 안 된다. 죄는 행위로 나타나야만 성립하는 것이 아니다. 마음 상태만으로 충분히 성립한다.

그런데 우리한테는 그런 죄를 등한시하는 경향이 있다. 하나님을 사랑하는 마음이 없기 때문이다. 하나님을 사랑하지 않으니 하나님께서 싫어하시는 일을 하는 것을 대스롭지 않게 여긴다. 남녀 사이에 어느 한쪽이 "그 정도도 이해하지 못하느냐?"라는 말을 부쩍 자주 하면 애정이 식은 증거다.

예전에 "예수님이 꼭 십자가에서 죽으셔야 했습니까? 다른 방법으로 죽으면 안 됩니까?"라는 질문을 받은 적이 있다. 혹시 예수님이 교수형으로 돌아가셨으면 교회 강단 전면에 십자가 대신 밧줄 올가미가 드리워지게 될까?

율법에 따르면 나무에 달린 자는 하나님께 저주를 받은 자라고 했다. 본래 이스라엘의 처형 방법은 돌로 치는 것이었다. 죄가 아주 극심할 경우에는 하나님께 저주를 받았다는 뜻으로 시신을 나무에 매달기도 했다. 그런 내용을 예수님께 적용하면 예수님이 저주를 받은 것이 된다. 우리가 받을 형벌을 대신 받으셨으니 그럴 수밖에 없다.

예수님이 십자가에서 "엘리 엘리 라마 사박다니"라고 부르짖었다. "나의 하나님 나의 하나님 어찌하여 나를 버리셨나이까"라는 뜻이다. 하나님이 예수님을 버리는 것이 말이 될까? 원래는 말이 안 되지만 그때는 말이 되어야 했다. 이 세상의 모든 죄가 예수님께 덧씌워

졌기 때문이다. 하나님이 죄와 함께할 수는 없다. 결국 그 순간 예수님이 하나님께 버림받은 것이다.

히브리력으로 7월 10일이 속죄일이다. 속죄일이면 염소 두 마리를 택해서 한 마리는 속죄제로 드리고 다른 한 마리는 광야로 쫓아보낸다. 이때 쫓아 보내기 전에 하는 일이 있다. 염소 머리에 손을 얹고 이스라엘의 모든 죄를 고하며 기도하는 일이다. 이스라엘의 죄를 그 염소에게 전가하는 것이다. 그 염소는 멀리 광야로 내쫓기게 된다. 가서 다시 돌아오지 말아야 한다. 그처럼 이스라엘과 그 염소를 단절시키는 것으로 이스라엘이 죄와 상관없음을 형상화했다. 하나님이 예수님에게 그 역할을 맡기셨다. 이스라엘의 모든 죄를 지고 광야로 쫓겨 가는 염소처럼 예수님이 죄 덩어리가 된다. 하나님과의 사이가 단절될 수밖에 없다.

예수님이 "아버지여 만일 아버지의 뜻이거든 이 잔을 내게서 옮기시옵소서"라고 기도하신 것을 놓고, 십자가가 얼마나 무서운 형벌이었는지 예수님도 할 수만 있으면 피하고 싶었다는 말을 들은 적이 있다. 과연 그럴까?

소크라테스는 친구 크리톤이 감옥으로 찾아와서 탈출 방도를 마련해두었다고 했는데도 탈출을 거부하고 죽음을 맞았다. 홍커우 공원에서 열린 일본 전승 행사장에 폭탄을 던진 윤봉길 의사는 출발에 앞서 김구 선생한테 시계를 바꿀 것을 제안했다. 자기 시계는 6원을 주고 구입한 것인데 김구 선생의 시계는 2원짜리라면서, 자기한테는 이제 한 시간밖에 더 소용이 없다는 것이다. 명분만 뚜렷하면 죽음 앞에서 의연한 사람이 얼마든지 있다. 하물며 예수님이 십자가 형벌을 두려워했다는 것은 말이 되지 않는다.

그러면 예수님이 자기한테서 잔이 옮겨지기를 바란 것은 무슨 뜻일까? 하나님은 거룩하신 분이다. 죄를 조금도 용납하실 수 없는 분이다. 그래서 죄에 대해서 진노하신다. 성경은 그런 하나님의 진노를 받는 것을 잔을 받는 것으로 얘기한다(사 51:22, 렘 25:15, 계 14:9-10).

예수님이 잔을 옮겨달라고 한 것은 십자가 형벌을 모면하게 해달라는 뜻이 아니다. 그것이 죄에 대한 하나님의 진노이기 때문이다. 하나님의 진노 대상이 되면 하나님과의 관계가 단절되는데, 예수님은 그것을 못 견뎌했다. 하지만 그 일을 감수해야만 이 세상 죄가 해결되는 것을 어떻게 할까? 그래서 땀방울이 핏방울이 되도록 기도하셨고, 우리 죄가 해결되었다.

예수님과 구원

"왜 꼭 예수를 믿어야 구원 얻느냐? 착하게 산 사람이 구원 얻는 것이 공평한 것 아니냐?"라는 질문을 참 많이 받았다. "돈이 많아야 구원 얻는다", "많이 배워야 구원 얻는다" 같은 말은 설득력이 없는데 착해야 구원 얻는다는 말은 설득력이 있게 느껴진다. 이상하게 들리겠지만 그럴 수 있다. 단, 조건이 있다. 착한 것을 누가 판정할까?

인류 역사상 가장 악한 사람을 히틀러라고 하고, 가장 착한 사람을 테레사 수녀라고 하자. 1m 줄자에서 히틀러는 가장 밑에 위치하고 테레사 수녀는 가장 위에 위치한다. 그러면 우리는 어디쯤일까? 각자 생각하는 위치에 자기 이름을 쓰라고 하면 적당한 위치에 자기 이름을 쓸 것이다. 그러면 몇 cm가 구원의 기준일까?

착한 사람이 구원을 얻고 악한 사람이 심판을 받아야 하는 것은 맞다. 단, 하나님 보시기에 착해야 한다. 그런데 착한 것으로 하나님께 인정받으려면 1m 자로는 어림도 없다. 마더 테레사가 1m에 위치했다면 그보다 몇 억 km, 혹은 몇 조 km 위에 위치해야 할 것이다. 사람이 이를 수 있는 경지가 아니다. 착한 사람이 구원 얻는 것이 아니라는 얘기는 착해봐야 소용없다는 뜻이 아니라 아무리 착해도 그것으로는 안 된다는 뜻이다.

다행스럽게도 하나님이 예수 믿는 사람을 하나님 보시기에 착한 사람으로 인정하신다. 그런 사실을 놓고 우리는 "예수를 믿으면 구원 얻는다"라고 한다.

예수를 믿는 것이 대체 무엇이기에 그럴까? 구원은 천국과 지옥이 왔다 갔다 하는 사건이다. 그런 구원이 예수를 믿는지 여부에 따라 결정된다면 예수를 믿는다는 말이 그만큼 엄청난 말일 수밖에 없다.

> 형제들아 나는 너희가 알지 못하기를 원하지 아니하노니 우리
> 조상들이 다 구름 아래에 있고 바다 가운데로 지나며 모세에게

속하여 다 구름과 바다에서 세례를 받고(고전 10:1-2)

이스라엘이 홍해를 건넌 것을 세례를 받은 것으로 얘기한다. 그때 이스라엘은 모세의 인도로 홍해를 건넜다. 그런데 성경은 모세에게 속하여 세례를 받았다고 한다.

이스라엘은 애굽의 노예였지만 모세는 애굽의 노예가 아니었다. 그런 모세가 이스라엘을 구원하기 위해서 애굽으로 왔다. 그러고는 이스라엘 백성을 자기에게 소속시켜서 홍해를 건넌 것이다.

본래 예수님은 이 세상에 속한 분이 아니다. 그런데 우리를 구원하기 위해서 이 땅에 오셨다. 이스라엘이 모세에게 속하면 모세가 있는 곳에 이스라엘이 같이 있게 되는 것처럼 우리가 예수님께 속하면 예수님이 계신 곳이 우리가 있는 곳이 된다. 우리는 구원 얻을 수밖에 없다.

사람이 되신 하나님

팀 켈러의 〈인생 질문〉에 도로시 세이어즈 얘기가 나온다. 옥스퍼드 출신의 추리 소설가였다. 그가 쓴 연작소설 〈피터 윔지 경 이야기〉에 나오는 피터 경은 외로운 독신의 귀족 형사다. 시리즈 중간에 딱히 매력이 없는 장신의 여자 해리엇 베인이 등장한다. 해리엇 베인도 옥스퍼드 출신의 추리 소설가다. 그녀와 피터는 사랑에 빠져서 결혼하고 함께 사건을 해결한다.

사람들은 도로시 세이어즈가 자신이 창조한 세상과 인물을 들여다보다 피터 경의 고통과 외로움을 보고 그와 사랑에 빠졌다고 생각했다. 그래서 그를 구원하기 위해서 스스로 이야기 속에 들어갔다는 것이다.

하나님께서 그런 일을 하셨다. 영원하신 분이 시간 속으로 들어오셨고, 무한하신 분이 유한으로 들어오셨다. 인간의 형편을 보니 그렇게 하지 않고는 견딜 수 없으셨다.

C. S. 루이스가 캠브리지 대학 채플에서 '예수의 구주되심'이라는 주제로 설교한 적이 있다. 한 학생이 말했다. "만약 선생님이 예수는 우리가 본받아야 할 위대한 스승이라고 했으면 우리 모두 박수를 보냈을 것입니다. 그런데 예수가 구세주라는 케케묵은 기독교 교리를 얘기했습니다. 우리는 어떤 반응도 보이지 않을 것입니다."

C. S. 루이스가 물었다. "자네는 정말 예수가 완벽한 모델이라고 생각하는가?"

"그럼요, 당연히 그렇게 생각합니다."

"그러면 그 완벽한 모델이신 예수님을 따라가는 게 중요한 삶이라고 믿는가?"

"그렇지요."

"완벽한 모델인 예수님을 자네가 완전하게 따라갈 수 있다고 생각하나?"

"완전하게 따라갈 수는 없겠지요."

"그럼 자네도 도덕적 실패를 인정하는군. 그렇다면 자네의 삶 속에 실수가 있었고 죄가 있었다는 사실을 인정하는가?"

"예."

"그렇다면 자네한테 필요한 것은 도덕적 모델인 예수가 아니네. 자네에게는 자네를 구원할 수 있는 구주 예수가 필요하네. 죄인한테는 모델보다 구주가 중요하지. 구주이신 예수를 만난 다음에는 비로소 그분이 자네한테 모델이 될 수도 있다네."

물이 안 나오면 화장실을 깨끗이 쓸 수 없다. 그런 경우, 물이 나오게 하는 것이 선결 과제다. 구주이신 예수를 만난 다음이라야 비로소 그분을 모델로 삼을 수 있다는 말이 그렇다. 자고 있는 사람이 자기가 잠든 것을 모르는 것처럼 죄인은 자기가 죄인인 것을 모른다. 죄에서 나온 다음이라야 자기가 죄인이었다는 사실을 알게 되고 죄를 멀리하려는 욕구를 갖게 된다.

죄를 어느 만큼 멀리하면 될까? 사람이 하나님처럼 되려고 한 것에서 죄가 시작되었으니 구원은 하나님이 사람이 되는 것에서 시작하는 것이 맞다. 그렇게 해서 오신 분이 예수님이다. 그 예수님이 우리처럼 되셨다. 이제는 우리가 예수님처럼 될 차례다. 그것이 구원이다.

하나님이 하나님인 채로는 우리가 하나님을 알 수가 없다. 그래서 예수님이 오셨다. 이 얘기가 우리한테도 적용되어야 한다. 우리를 보면 예수님을 알 수 있어야 한다. 우리가 예수님을 통하지 않고는 하나님을 알 수 없는 것처럼 교회 밖에 있는 사람은 우리를 통하지 않고는 예수님을 알 수가 없다. 우리는 교회 밖에 있는 사람에게 예수님을 보여줄 수 있어야 한다. 이것이 예수 믿는 사람의 책임이다.

묵상을 위한 질문

---

1. 예수님의 탄생을 기준으로 B.C.와 A.D.가 나뉜다. 우리 인생도 그럴까? 자기 의지로 예수님을 인생의 주인으로 고백했으면, 그런 고백을 하기 전과 한 다음이 구별되어야 한다. 혹시 구별되지 않는 점이 있다면 어떤 것일까?

2. 예수님은 당신한테 어떤 분인가? 그리고 당신은 예수님께 어떤 사람인가?

3. 예수님께 원하는 것 다섯 가지만 써보자. 그리고 예수님이 당신한테 원하시겠다 싶은 것 다섯 가지를 써서 비교해 보자.

성령님

하나님은 성부, 성자, 성령의 삼위로 존재하시되 하나의 신적 본체를 갖는다. 교부 터툴리안이 이런 사실을 삼위일체라는 말로 표현했다. 삼위(三位)는 하나님께서 성부와 성자와 성령이라는 구별된 세 분으로 존재하신다는 뜻이고, 일체(一體)는 하나님이 세 분이심에도 동일한 한 분 하나님이시라는 뜻이다.

그런데 성부 하나님이나 성자 예수님에게서는 떠오르는 이미지가 있는데 성령님에게서는 떠오르는 이미지가 없다. 그만큼 우리에게 낯설 수 있다.

보혜사 성령님

예수님은 육신이 있으시다. 육신이 있으면 공간의 제약을 받는다. 예수님이 특정한 곳에 계시면 다른 곳에는 계실 수 없게 된다. 그래서 예수님 대신 성령님이 오셨다.

성령님은 영이시기 때문에 공간의 제약을 받지 않는다. 모든 사람과 동시에 함께하실 수 있다. 흔히 "하나님이 우리 안에 계시다", "예수님이 우리와 함께하신다"라고 할 때의 하나님, 예수님은 정확히 얘기하면 성령님이다. 성령님이 우리 안에 내주하신다.

성령님을 보혜사(保惠師)라고 하는데, 헬라어 '파라클레토스'를 번역한 말이다. 옆에서 돕는 분이라는 뜻이다. 영어 성경에서는 Comforter(위로자)로 번역했다. 우리 안에 내주하시는 성령님이 우리를 어떻게 돕고 어떻게 위로한다는 얘기일까?

카일 아이들먼의 〈오늘, 제자로 살기〉에 중세의 직물 벽걸이 얘기가 나온다. 11세기 갈의 유물로 노르만 정복 이야기를 수놓은 작품이다. 라틴어로 설명이 되어 있는데, 17세기에 영어로 번역되었다고 한다. 한 장면은 정복자 윌리엄 1세가 자신의 군대에게 진격하라고 명령하는 모습을 그리고 있다. 그런데 제목이 '병사들을 위로하는 윌리엄'이다. 시퍼런 칼을 휘두르며 병사들에게 "돌격 앞으로!"를 명하는 것을 위로라고 했다.

혹시 번역이 잘못된 것일까? 카일 아이들먼은 그렇지 않다고 한다. 그 번역은 영국에서 처음 성경이 나올 즈음에 이루어진 것이다. 그 성경에서 성령을 '위로자'라고 했는데, 당시의 '위로'는 지금과 의미가 달랐다.

에이든 토저 목사가 은혜는 죄를 가려주는 넓은 천막 같은 것이 아니라 말씀대로 살게 해주는 힘이라고 했다. 위로도 그런 식으로

성령님 61

정의하면 어떨까? 위로는 편들어주고 감싸주는 것이 아니라 목표를 향해서 매진하게 하는 것이다. 사실 당연한 얘기다. 흔히 교회는 위로가 있는 곳이라고 하는데, 그때의 위로가 마냥 어르고 달래는 것이면 기독교가 너무 나약한 종교가 된다. 무엇보다 신자는 신자다운 강인함이 있어야 한다. 성령님이 우리로 하여금 그런 일을 하게 하신다.

그럼 성령님은 어떻게 해서 우리 안에 계시게 되었을까? 아니, 어떻게 해서 우리 안에 계실 수 있게 되었을까?

내주하시는 성령님

노아 홍수 직전에 하나님이 성령님을 거두어 가셨다. 성경은 당시 상황을 "여호와께서 이르시되 나의 영이 영원히 사람과 함께 하지 아니하리니 이는 그들이 육신이 됨이라(창 6:3a)"라고 전한다. 왜 그렇게 되었을까?

> 사람이 땅 위에 번성하기 시작할 때에 그들에게서 딸들이 나니 하나님의 아들들이 사람의 딸들의 아름다움을 보고 자기들이 좋아하는 모든 여자를 아내로 삼는지라(창 6:1-2)

창 6:3에서 하나님이 성령님을 거두어 가셨다. 그러면 그 앞에는 당시 세상의 타락상에 대한 설명이 있어야 어울린다. 그것이 창 6:1-2인데 뭔가 이상하다. 하나님의 아들들은 경건한 셋의 후손이고, 사람의 딸들은 하나님 없이 사는 가인의 후손이다. 오즘말토 옮기면 신자가 세속적인 조건에 따라 불신자와 결혼하는 둥조가 만연했다는 것이다. 하나님이 홍수로 세상을 심판하기 직전의 상황을 단적으로 보여주는 예가 '신앙을 떠난 결혼'이었다.

결혼에는 가치관이 그대로 드러난다. 돈이 최고인 줄 아는 사람은 돈을 최우선 조건으로 삼을 것이고, 외모를 중요하게 생각하는 사람은 외모를 최우선 조건으로 삼을 것이다. 마찬가지로 신앙이 귀한 것을 아는 사람은 신앙을 최우선 조건으로 삼을 것이다.

하나님을 안다는 사람들이 세속적인 조건으로 배우자를 삼는 것이 당시 세태였다. 하나님의 뜻에는 관심이 없었고 자기의 욕구에만 민감했다. 말로는 신자라고 하는데 신자 된 모습이 없었다. 그것이 죄로 인해 나타난 결과였다. 급기야 하나님께서 성령님을 거두어 가셨다.

그런데 사도행전 2장에 오순절 성령 강림 사건이 기록되어 있다. 하나님이 성령님을 거두어 가신 이유는 인간의 죄 때문이었다. 예수님의 십자가 사역으로 그 문제가 해결되었다. 성령님이 우리 안에 내주할 수 있게 되었다.

오순절 성령 강림 이전이라고 해서 성령님이 전혀 활동하지 않으신 것이 아니다. 마치 다리를 공사하면서 인부들이 다닌 것과 흡사

성령님

하다. 다리를 개통하기 전에도 인부들은 그 위를 다닌다. 하지만 본격적인 통행은 개통 후에 이루어진다.

그러면 성령님이 우리 안에 계신 것과 계시지 않은 것에는 어떤 차이가 있을까? 성경을 읽다 보면 구약시대가 지금보다 신앙생활하기 훨씬 수월했을 것 같은 생각이 든다. 그때는 하나님의 개입이 즉각적으로 나타났다. 불순종하면 땅이 갈라져서 사람을 삼키기도 한다. 그러면 누구나 말씀대로 살지 않을까?

홍해를 건넌 이스라엘의 행태를 보면 그렇지 않다. 왜 그렇게 말귀를 못 알아듣는지 답답하다. 하지만 별 도리가 없다. 그들에게는 성령님이 계시지 않았다. 하나님이 애초에 불가능한 미션을 닦달하셨다는 뜻이 아니다. 사람은 환경으로 말귀를 알아듣는 존재가 아니라는 뜻이다.

> 이스라엘 자손이 그들에게 이르되 우리가 애굽 땅에서 고기 가마 곁에 앉아 있던 때와 떡을 배불리 먹던 때에 여호와의 손에 죽었더라면 좋았을 것을 너희가 이 광야로 우리를 인도해 내어 이 온 회중이 주려 죽게 하는도다 그때에 여호와께서 모세에게 이르시되 보라 내가 너희를 위하여 하늘에서 양식을 비같이 내리리니 백성이 나가서 일용할 것을 날마다 거둘 것이라 <u>이같이 하여 그들이 내 율법을 준행하나 아니하나 내가 시험하리라</u>(출 16:3-4)

출애굽한 이스라엘이 먹을 것이 없다고 불평하자, 하나님이 만나를 주기로 하셨다. 그런데 "먹을 것이 없느냐? 알았다. 내가 만나를 주마."라고 하신 것이 아니라 "…이같이 하여 그들이 내 율법을 준행하나 아니하나 내가 시험하리라"라고 하셨다. 만나가 이스라엘에게는 먹을 양식이었지만 하나님께는 이스라엘을 시험하는 방편이었다.

이스라엘의 불평은 "우리라고 해서 하나님 말씀을 거역하고 싶겠습니까? 일단 먹고살아야 말씀에 순종할 것 아닙니까?"라는 뜻이었다. 그런 불평에 대해서 하나님이 "알았다. 너희 말처럼 먹고사는 문제가 해결되면 내 말을 제대로 듣는지 확인해 보자."라고 하셨다.

그다음에 어떻게 되었을까? 그들은 만나를 먹으면서도 계속 죄를 범했다. 사람이 죄를 짓는 것은 외부 조건 때문이 아니다. 사람이 죄를 짓는 것이 외부 조건 때문이면 아담, 하와는 무엇이 부족해서 죄를 범했단 말인가?

> 여호와의 말씀이니라 보라 날이 이르리니 내가 이스라엘 집과 유다 집에 새 언약을 맺으리라 이 언약은 내가 그들의 조상들의 손을 잡고 애굽 땅에서 인도하여 내던 날에 맺은 것과 같지 아니할 것은 내가 그들의 남편이 되었어도 그들이 내 언약을 깨뜨렸음이라 여호와의 말씀이니라 그러나 그날 후에 내가 이스라엘 집과 맺을 언약은 이러하니 곧 내가 나의 법을 그들의 속에 두며 그들의 마음에 기록하여 나는 그들의 하나님이 되고

그들은 내 백성이 될 것이라 여호와의 말씀이니라 (렘 31:31-33)

하나님이 이스라엘 집과 유다 집에 새 언약을 세운다고 했다. 새 언약이 있으면 옛 언약도 있을 것이다.

옛 언약 때의 하나님은 이스라엘의 남편이었다. 하나님이 이스라엘의 손을 잡고 애굽에서 나왔다. 하루 스물네 시간 붙어 있으면서 모든 것을 다 챙겼다. 그런데도 이스라엘이 계속 거역했다. 그래서 이스라엘의 속사람에 직접 작용하기로 했다. 이스라엘의 외부에서 작용하는 것이 아니라 이스라엘의 속을 바꿔 놓기로 한 것이다.

문제는 우리한테 여전히 육체의 습관이 있다는 사실이다. 습관은 가장 나쁜 주인일 수도 있고 가장 좋은 하인일 수도 있는데, 이 세상에서도 좋은 습관은 몸에 붙이기 힘들다. 하물며 성령님의 감동에 순종하는 일이 저절로 될까? 하여간 분명한 사실은 우리에게 하나님 뜻대로 살 마음이 있다는 것이다. 그것이 성령님의 감동이고, 거기에 순종하는 것이 우리의 책임이다.

직장 생활 하던 시절, 새벽기도에 갔다가 바로 출근하곤 했는데 그것이 쉽지 않았다. 새벽기도를 얼마나 계속 나가면 몸에 밸지 늘 궁금했다. 시간만 되면 저절로 눈이 뜨이고 전혀 졸리지 않은 상태로 가뿐하게 일어날 수 있으면 좋겠는데 새벽기도에 한 달 개근해도 그게 안 되었고, 두 달 개근해도 안 되었다. 그리고 삼십 년 후에 알았다. 그런 경지는 없다. 단지 나이 들어서 잠이 없어지는 것뿐이다.

우리 육신은 언제나 편한 것을 좋아한다.

> 내가 내 몸을 쳐 복종하게 함은 내가 남에게 전파한 후에 자신
> 이 도리어 버림을 당할까 두려워함이로다(고전 9:27)

바울도 자기 몸을 쳐서 복종하게 했다고 한다. 자기 육신이 원하는 대로 한 것이 아니라 자기 의지로 육신을 제어했다. 우리는 가만히 있었는데 성령님이 알아서 우리를 인도하는 경우는 없다. 자발적인 의지로 성령님께 순복해야 한다.

성경은 예수님을 우리의 신랑이라고 한다. 예수님을 신랑으로 모시면 우리의 삶이 어떻게 될까? 기꺼이 그 뜻에 순종하면 날마다 천국이다. 하지만 자기 고집대로 살려고 작정하면 매일 부부 싸움을 해야 한다. 그나마 이기지도 못한다. 그런 고통이 없을 것이다.

요즘은 뜸하지만 한때 '영발'이라는 말이 자주 쓰이곤 했다. 본래 우리가 추구해야 할 것은 영성인데 영발이라는 말이 영성을 대신한 것이다. 아마 '화장발', '조명발' 등의 신조어와 궤를 같이 하는 말일 텐데, 언어가 점점 천박해지는 세태와도 무관하지 않을 것이다.

흔히 '영발 센 사람'을 믿음의 능력이 있는 사람인 것처럼 얘기했다. 어떤 사람의 기도가 이루어지면 영발이 서서 그렇다고 했고, 기도가 이루어지지 않으면 영발이 없어서 별수 없다고 했다.

그런 발상이 가능한 심리적인 배경이 무엇일까? 사람한테는 종교

성령님

적인 본성이 있다. 신한테 잘 보이면 신이 자기를 도와주는 것처럼 생각한다. 어부가 풍어제를 드리고, 심마니가 고사를 지내는 것이 그런 연유다. 그런 식의 생각이 기독교에 스며들면 성령 충만한 사람은 하나님이 그만큼 존중해줄 것처럼 생각한다. 보통 사람이 기도하면 안 들어주시는 것도 성령 충만한 사람이 기도하면 들어주시지 않겠느냐는 것이다. 하지만 하나님이 특정인의 기도를 더 잘 들어주신다면 기도한 사람이 다른 때문이 아니라 기도 내용이 다른 때문일 것이다.

성령님을 모신 사람

성령님이 내주하는 사람과 그렇지 않은 사람을 다른 말로 하면 신자와 불신자다. 그 둘 사이에 어떤 차이가 있을까? 우리는 예수님이 우리 구주라는 사실을 인정하는데 교회 밖에 있는 사람들은 인정하지 않는다. 신자와 불신자 사이에 IQ 차이가 있다는 말은 들어본 적이 없다. 그런데 우리가 알아듣는 말을 교회 밖에서는 알아듣지 못한다. 아예 알아들으려고 하지도 않는다.

> 그러므로 내가 너희에게 알리노니 하나님의 영으로 말하는 자는 누구든지 예수를 저주할 자라 하지 아니하고 또 성령으로 아니하고는 누구든지 예수를 주시라 할 수 없느니라(고전 12:3)

성령님은 예수님이 구주인 것을 알게 하신다. 누군가 예수님을 구세주로 고백한다면 그 사람 안에 성령님이 계시다는 뜻이다. 뒤집어서 말하면, 우리 안에 성령님이 계신 것을 어떻게 알 수 있느냐 하면 예수님이 믿어지는 것으로 알 수 있다.

평신도 사역자 필립 켈러가 그의 책 〈목자가 본 시편 23편〉에서 파키스탄에서 있었던 일화를 소개한다. 파키스탄의 어느 사막 지대를 여행하는 중에 독우를 만났다. 흙으로 지은 오두막으로 피신했는데 집이 어찌나 작은지 거의 기다시피해서 들어갔다. 집 안 가득 악취와 메케한 연기로 차 있었다. 젖은 몸을 말리기 위해서 불을 피웠다. 연료가 가축 똥을 말린 것이었다. 냄새와 연기 때문에 폭우만 아니었으면 잠시도 머무르기 힘들었다. 게다가 천장의 갈라진 틈으로 빗물이 새어 들어와 바닥까지 축축해졌다. 밖으로 나갈 수도 없고 안에 있기도 힘들었다. 그때 마음속에서 성령님의 음성이 들렸다. "네가 지금 처한 형편이 바로 내가 네 속에 있는 형편이다."

언젠가 요나가 물고기 배 속에서 기도하는 그림을 본 적이 있다. 요나가 꿇어앉은 자세로 사뭇 경건하게 기도하고 있었다. 그런데 정말 그랬을까? 그때 그 물고기의 위장 용적이 얼마나 되는지 모르지만 일단 바닥이 수평일 수는 없다. 게다가 위는 계속 연동운동을 하고 위벽에서는 위산을 분비한다. 그때 요나는 절대 쾌적한 형편이 아니었다. 아마 멍석말이를 당하는 사람과 비슷했을 것이다.

물고기 배 속에 있는 요나의 형편은 그렇다 치고, 우리 안에 계신

성령님

성령님의 형편은 어떨까? 우리는 성령님이 우리 안에 계시다고 쉽게 말하지만 그 성령님이 어떻게 계실까?

이탈리아 도미니크 수도회의 성녀 카타리나의 저서 〈대화〉에 하나님과의 문답이 기록되어 있다.

"주님, 악마들이 그 숱한 음란함을 통해 내 마음을 괴롭힐 때 주님은 어디 계셨습니까?"

"나는 네 안에 있었다."

"주님, 제 마음은 혐오스럽고 더러운 생각으로 가득 차 있었는데 어떻게 주님께서 계실 수 있었습니까?"

"그런 생각과 유혹들이 네 마음에 무엇을 가져다주었느냐? 즐거움이었느냐, 고통이었느냐? 기쁨이었느냐, 슬픔이었느냐?"

"큰 고통과 갈등이었습니다."

"네 마음 중심에 있는 내가 아니라면 누가 너를 고통스럽게 만들 수 있었겠느냐? 내가 거기에 현존하지 않았다면 음란한 생각이 가득 찼을 때 너는 쾌락에서 즐거움을 느꼈을 것이다. 나는 네가 원수들로부터 유혹당하는 것을 허락했지만 너의 구원을 위해 너를 보호하고 있었다. 지금부터 나는 더 친밀하게 더 자주 나를 드러내 보일 것이다."

이런 글을 읽고서 "와! 정말로 성령님이 우리 안에 계시구나!"라고 할 사람은 드물 것이다. 카타리나가 워낙 특출한 사람이라서 그렇다고 여기면 그만이다. 그래서 성령님이 우리 안에 계신 것을 확인할 수 있는 간단한 방법을 소개한다. 자기 전에 기도를 하는 것이다. "내일 아침 6시에 깨워주세요." 그렇게 기도하면 성령님이 분명히 깨워주신다. 단, 졸린 눈 비벼 뜨며 일어나는 것은 자기 몫이다. 잠이 확 깨서 말똥말똥한 정신으로 일어나게 해주시지는 않는다. 홍해를 건넌 이스라엘이 자기들 스스로 광야를 걸어서 가나안까지 가야 했던 것과 같다. 하나님이 구름 기둥, 불 기둥으로 인도해주실지언정 구름에 태워서 옮겨주시지는 않았다. 분명히 하나님이 함께하셨음에도 불구하고 이스라엘이 할 일은 스스로 감당해야 했다. 한 가지가 더 있다. 성령님께서 6시에 깨워주셨는데 도로 잤다고 하자. 그렇게 두세 번 반복하면 그다음부터는 안 깨워주신다. 성령님은 커피 자동판매기처럼 조작만 하면 그대로 반응하시는 분이 아니라 인격이 있으신 분이다.

성령님이 정말로 우리 기도에 반응하시는지 호기심을 충족해보라는 얘기가 아니다. 성령님이 우리와 함께하시는 것을 확인했으면 성령님을 모신 사람처럼 처신하라는 뜻이다. 성령님이 우리 안에 계시면 마땅히 우리 몸을 귀하게 여겨야 한다. 언행은 물론이고 생각 또한 조심해야 한다.

성령 충만을 위하여

예전에 "베드로는 한때 계집종 앞에서도 두려움에 떨며 예수님을 부인했던 제자입니다. 그런데 성령을 받은 다음에는 담대하게 주님을 증언하는 믿음의 역군이 됩니다. 우리도 성령을 받아야 됩니다. 성령을 받아서 능력 있게 주님을 전해야 합니다."라는 말을 들은 적이 있다.

맞는 말 같지만 그렇지 않다. 예수를 믿는 사람은 누구나 성령을 받은 사람이다. 그런데 성경에는 다이어트 광고의 before, after 사진처럼 성령을 받기 전의 베드로와 성령을 받은 다음의 베드로가 전혀 다른 사람처럼 나온다. 그러면 우리가 베드로처럼 담대하지 못한 것은 무슨 영문일까? 우리가 받은 성령에 문제가 있을까, 성령을 받은 우리한테 문제가 있을까?

성령을 받았다는 얘기는 신자로 살 수 있는 분별력이 생겼다는 뜻이다. 성령이 그 사람의 인생을 대신 살아주는 것이 아니다. 성령의 감동에 어느 만큼 순종하는지는 자기가 정한다. 베드로도 자기 의사와 관계없이 담대해진 것이 아니라 자기가 마음먹은 만큼 담대하게 행한 것이었다.

예배를 위해서 기도할 때나 환자를 위해 기도할 때 "성령님, 이 자리에 친히 임재하셔서…", "성령님, 바라오니 치유의 영으로 임재하시사…" 등의 표현을 쓸 수 있다. 그러면 우리 안에 내주하시는 성령님은 어떤 분이고, 우리가 임재를 구하는 성령님은 어떤 분일까?

어쨌든 같은 분인데도 구별된 사역이 있는 모양이다. 젊은 커플들이 쓰는 닭살 멘트 중에 "같이 있어도 보고 싶다"라는 말이 있는데

"성령 충만을 받으라"가 그런 식이다. 성령님이 우리 안에 내주하시는 것만으로는 부족하다. 우리 안에 충만하게 거하셔야 한다.

존 웨슬리가 성령 운동을 일으키자, 모교인 옥스퍼드 대학에서 그를 불렀다. 그가 벌이는 성령 운동이 무엇인지 알고 싶었던 것이다. 존 웨슬리는 교수들이 모인 자리에서 "성령 충만을 받으시오"라는 제목으로 말씀을 전했다. 지성인인 자기들한테 이런 설교 제목은 곤란하다는 교수들에게 존 웨슬리가 말했다.

"예수님의 제자들은 예수님을 만났고, 예수님의 말씀을 직접 들었고, 자신들의 눈으로 죽은 자가 살아나는 기적도 보았습니다. 그런데도 예수님이 성령을 받으라고 말씀했습니다. 그들은 그 말씀에 따라 예루살렘에 머무르며 성령이 임하기를 기다렸고, 성령의 충만함을 받은 다음에 전도했습니다. 그런데 여러분은 예수님을 직접 만난 적이 있습니까? 예수님의 기적을 본 적이 있습니까? 여러분이야말로 성령 충만함을 받아야 하나님의 종으로 쓰임받을 수 있지 않겠습니까?"

> 술 취하지 말라 이는 방탕한 것이니 오직 성령으로 충만함을 받으라 (엡 5:18)

비교를 하려면 공통분모가 있어야 한다. "바지를 입지 말고 치마를 입어라"라는 말은 이상할 것이 없다. 하지만 "바지를 입지 말고

성령님

뉴스를 보자"는 말이 되지 않는다.

'술 취한 것'과 '성령 충만한 것'도 그렇다. 비교를 하려면 둘 사이에 공통점이 있어야 한다.

둘 사이에는 "누구의 지배를 받느냐?"라는 공통점이 있다. 술 취한 사람은 술의 지배를 받고 성령으로 충만한 사람은 성령의 지배를 받는다. 각설하고, 우리는 술에만 취하지 않으면 되는 사람이 아니라 성령으로 충만해야 하는 사람들이다. 죄만 짓지 않으면 합격이 아니라 거룩으로 나아가야 한다. 하나님과의 거리가 멀어지지 않는 것이 문제가 아니라 점점 가까워져야 한다.

잘못된 질문 - 성령 받았습니까?

한때 "성령 받았습니까?"라는 질문이 유행했던 적이 있다. 그만큼 우리나라 신학이 빈곤했던 모양이다. 예수를 믿으면 구원 얻는 것은 아는데 그다음에는 아는 것이 없었다. 그래서 가장 먼저 따진 것이 '구원 확신'이었다. "지금 죽어도 천국에 갈 자신이 있습니까?"라는 질문이 사방에서 들렸다. 예수 믿으면 구원 얻는 것 말고는 아는 것이 없으니, 그 구원을 얼마나 확신하는지 따진 것이었다. 그런데 한 번 얻은 구원은 취소되지 않는다고 한다. 하나님이 완전하신 분이니 하나님의 구원도 완전할 수밖에 없다. 구원 확신을 따지는 것이 부질없는 일이 되고 말았다.

그다음에 나타난 질문이 "성령 받았습니까?"이다. 마치 신자를 초급반 신자와 고급반 신자로 나눌 수 있는 것처럼 생각했다. 예수를 믿어서 구원만 받은 신자는 초급반이고, 예수를 믿는 것은 기본으로 하고 거기에 더하여 성령까지 받은 신자는 고급반이라는 식이다.

그런 식의 구분은 존재하지 않는다. 예수를 믿는 사람은 누구나 성령을 받은 사람이다. 단, 성령 충만한 사람은 아닐 수 있다. 우리는 성령을 받아야 하는 사람이 아니라 성령으로 충만해져야 하는 사람들이다. 그런데 성경에는 예수를 믿는 것과 성령을 받는 것이 별개의 사건처럼 기록된 곳도 있다.

> 예루살렘에 있는 사도들이 사마리아도 하나님의 말씀을 받았다 함을 듣고 베드로와 요한을 보내매 그들이 내려가서 그들을 위하여 성령 받기를 기도하니 이는 아직 한 사람에게도 성령 내리신 일이 없고 오직 주 예수의 이름으로 세례만 받을 뿐이더라 이에 두 사도가 그들에게 안수하매 성령을 받는지라(행 8:14-17)

빌립이 사마리아에 복음을 전했다. 그랬더니 믿는 사람들이 생겨났다. 예루살렘에서 베드로와 요한을 파송했다. 사실 여부를 확인하고 싶었을 것이다. 그런데 베드로와 요한이 그들에게 안수를 했더니 성령을 받는 일이 일어났다.

성령님

성령을 받는 것이 외형적으로 어떻게 나타났는지 모르지만 뭔가 특별한 현상이 있었던 모양이다. 빌립은 집사였기 때문에 성령을 받게 할 수 없었지만 베드로와 요한은 사도였기 때문에 성령을 받게 할 수 있었던 것이 아니다. 그때는 그런 것이 필요했다. 사마리아 사람도 하나님의 백성으로 편입된다는 사실이 공개적으로 선포된 것이다. 그렇지 않으면 예루살렘에서는 사마리아에서 복음을 영접한 사람을 하나님의 백성으로 인정하지 않았을 것이기 때문이다.

> 아볼로가 고린도에 있을 때에 바울이 윗지방으로 다녀 에베소에 와서 어떤 제자들을 만나 이르되 <u>너희가 믿을 때에 성령을 받았느냐</u> 이르되 아니라 우리는 성령이 계심도 듣지 못하였노라 바울이 이르되 그러면 너희가 무슨 세례를 받았느냐 대답하되 요한의 세례니라 바울이 이르되 요한이 회개의 세례를 베풀며 백성에게 말하되 내 뒤에 오시는 이를 믿으라 하였으니 이는 곧 예수라 하거늘 그들이 듣고 주 예수의 이름으로 세례를 받으니 바울이 그들에게 안수하매 성령이 그들에게 임하시므로 방언도 하고 예언도 하니 모두 열두 사람쯤 되니라 (행 19:1-7)

신자마다 신앙 수준이 다르게 마련이다. 하지만 성령을 받은 신자도 있고 성령을 받지 못한 신자도 있는 것은 아니다. 본문에서도 "너희가 믿을 때에 성령을 받았느냐?"라고 물었지, "너희가 믿은 후에 성령을 받았느냐?"라고 묻지 않았다.

일단 어떤 제자라고 했으니까 이 사람들도 신자다. 그런데 성령을 모른다고 했다. 요한의 세례는 받았는데 예수의 이름으로 세례를 받은 적은 없다는 것이다.

요한의 세례는 자기가 죄인인 것을 인식하고 구원의 필요성을 인정하는 세례이고, 예수의 세례는 구원받은 하나님의 백성임을 확증하는 세례다. 그렇다고 해서 구원이 두 단계로 나뉘는 것은 아니다. 구원의 필요성을 느끼는 사람은 영적 감각이 있기 때문에 이미 구원 얻은 사람이다. 일어나야 하겠다는 생각을 하는 사람은 잠이 깬 사람인 것과 같다. 잠이 든 상태에서는 일어나야 한다는 생각을 못한다.

한동안 길거리에서 "도에 관심 있습니까?"라고 묻는 사람이 있었다. 그런 질문은 아무한테나 할 수 있다. 하지만 "성령 받았습니까?"라는 질문을 하려면 일단 신자라야 한다. 그런데 신자는 이미 성령을 받은 사람이다. 그 사실을 모르고 그렇게 물은 것이다. 본문의 어떤 제자들이 그런 경우와 흡사하다.

그러면 바울이 그들에게 예수의 이름으로 세례를 주고 안수를 하니 성령이 임해서 방언도 하고 예언도 했다는 얘기는 무슨 영문일까? 예수의 이름으로 세례를 받는 것은 하나님의 백성임을 선포한다는 뜻이다. 세례를 받기 전에는 구원 받지 못한 상태였는데 세례를 받음과 동시에 구원 받은 것이 아니다. 세례를 안 받았다고 해서 구원에 문제가 생기지는 않는다.

성령님

그들은 자기들이 성령을 받은 것을 모르고 있었다. 그런데 바울의 안수로 그 사실을 알게 되었다. 예언도 하고 방언도 했다고 해서 그 순간에 성령을 받은 것이 아니다. 그런 외적인 표식이 없으면 성령을 받았다는 사실을 모를까봐서 부가적으로 나타난 현상이다. 바울이 세례를 준 다음에 "너희는 구원 받은 하나님의 백성이다. 너희 안에 성령님께서 내주하신다."라고 해봐야 그 말을 실감하지 못한다. 그래서 그들의 신분을 공개적으로 알게 하신 것이다.

각설하고, 우리는 성령을 받아야 하는 사람이 아니라 성령으로 충만해져야 하는 사람이다. 그러면 성령님과 기꺼이 동행할 수 있어야 하는데 동행은 아무나 할 수 있는 것이 아니다. 충족되어야 하는 조건이 한두 가지가 아니다. 우선 가고자 하는 목적지에 합의가 되어야 한다. 어떤 길을 택할 것인지에 합의가 되어야 한다. 이동 속도에 대해서도 합의가 되어야 하고, 이동 방법에 대해서도 합의가 되어야 한다. 또 있다. 서로의 관심사가 같아야 한다. 사색을 좋아하는 사람과 대화를 좋아하는 사람은 동행하지 못한다. 그리고 무엇보다 서로에게 동행 의사가 있어야 한다. 우리가 진정 성령 충만을 원한다면 이 모든 조건에 "아멘!"할 수 있어야 한다.

어떻게 하면 이처럼 완벽하게 뜻이 맞을 수 있을까? 다른 수가 없다. 관심이 오로지 성령 충만에 있어야 한다. 누에는 뽕잎만 먹고 산다. 뽕잎을 먹는 것이 원칙이어서 어지간하면 다른 것은 먹지 않는 것이 아니라 뽕잎이 없으면 굶어 죽고 만다. 우리가 성령 충만을 그렇게 구해야 한다.

설마 성령 충만을 원하지 않는 사람이 있을까? 그런데 대부분 간헐적으로 구한다. 관심이 다른 데 있다. 간헐적으로 성령 충만을 구하고는 "역시 난 안 돼"라고 스스로 체념한다. 평소에는 아무 생각 없이 살다가 시간 나서 가끔 구한 것은 구한 것으로 인정되지 않는 것을 모른다.

우리의 신앙생활

신자와 불신자 차이는 성령님의 내주하심 여부에 있다. 성령님이 오실 수 있는 토양은 신자, 불신자 모두에게 마련되어 있다. 영혼은 신자에게만 있는 것이 아니라 불신자에게도 있다. 그러면 인간은 육체가 있는 영혼일까, 영혼이 있는 육체일까?

인간이 육체가 있는 영혼이면 영혼이 인간의 본질이다. 하지만 영혼이 있는 육체라면 그때는 육체가 본질이다. 영혼은 마치 잔치국수에 얹은 고명에 불과하게 된다. 고명이 없어도 국수는 국수인 것처럼 꼭 있어야 하는 것은 아니다.

인체는 6개월이면 전면 개조된다. 머리털이나 살갗, 뼈의 모든 세포가 죽고 다른 세포가 들어선다. 지금의 우리는 이미 6개월 전의 우리가 아니다. 우리 몸을 이루는 모든 세포가 다 바뀌었다. 그래도 우리는 여전히 그 사람을 그 사람이라고 한다. 우리의 본질이 육체에 있지 않고 영에 있기 때문이다. 옷을 벗고 목욕탕에 들어갔다고 해서 다른 사람이 아닌 것과 같다.

인간은 육체가 있는 영혼이다. 그리고 그 영혼은 영원하다. 아담, 하와 이래 이 세상에 존재했던 인간들 중에 존재 자체가 소멸된 인간은 아무도 없다. 전부 어딘가에 있다. 우리가 할 일은 우리 영혼을 성령으로 충만하게 하는 일이다.

파스칼이 한 말이 있다. "인간은 천사도 아니고 짐승도 아니다. 그런데 천사를 흉내 내야 할 인간이 짐승을 흉내 낸다." 인간이 왜 천사를 흉내 내야 하느냐 하면, 비록 육신을 입고 있지만 영혼이 본질이기 때문이다. 하나님은 우리 영혼 때문에 육신을 만드셨다. 그런 사람이 왜 짐승을 흉내 내느냐 하면, 영혼의 욕구에는 둔감하고 육신의 욕구에만 민감하기 때문이다.

무디의 제자인 R. A. 토레이 목사에 따르면 무디가 불신자들에게는 전도 설교를 했지만 신자들에게는 성령을 강조했다고 한다. 한번은 어떤 사람이 그런 무디를 비꼬았다. "혼자서 성령, 성령 하고 다니니 무디가 성령을 독점이라도 했다는 것이냐?" 옆에서 다른 사람이 대답했다. "무디 선생님이 성령을 독점했는지는 모르지만 분명한 사실은 성령이 무디 선생님을 독점했다는 것입니다."

그 말 그대로다. 성령님이 우리를 독점해야 한다. 우리는 다른 것에 의해서 좌우될 만큼 한가한 사람들이 아니다. 사랑하면서 살아도 시간이 모자란데 왜 싸우느냐는 말을 들은 적이 있는데 그 말을 빌릴 수 있다. 성령님의 인도하심을 따라 살기에도 시간이 부족한데 다른 것에 마음을 팔 틈이 없다.

신앙생활이 무엇인지는 다양하게 정의할 수 있다. 하나님의 뜻에 맞게 사는 생활이라고 할 수도 있고 예수님처럼 사는 생활이라고 할 수도 있다. 지금은 성령님을 공부하는 중이니까 "신앙생활은 성령님의 간섭을 받는 생활이다"라고 정의하기로 하자.

내일 당장 해가 뜨지 않으면 난리가 날 것이다. 그러면 하나님이 노아 홍수 직전처럼 성령님을 거두어 가시면 어떻게 될까? 혹시 아무런 변화가 없지는 않을까? 피조물에 불과한 해가 하루만 뜨지 않아도 세상이 뒤죽박죽이 될 것이다. 그런데 성령님께서 더 이상 활동하지 않는다고 해도 우리 삶에 아무런 변화가 없다면 그것이 무슨 뜻일까?

해가 뜨지 않는 상황을 설정하는 것은 너무 비현실적일 수 있다. 그러면 애인과 헤어지는 상황을 가정해 보자. 상황에 따라서는 그런 말을 들으면서도 담담할 수 있다. 이미 마음이 떠난 상태라면 얼마든지 가능하다.

행여 우리와 성령님의 사이가 그렇지 않은지 염려스럽다. 성령님께서 우리에게 간섭하시지 않는데도 우리 삶에 아무런 변화가 없다면 우리가 성령님과 아무런 관계도 없이 살고 있다는 뜻이다. 그런 일만은 없어야 한다.

명심하자. 우리가 이 땅에서 어떻게 사는지에 따라 우리의 영원이 결정된다. 분모가 무한대면 분자에 어떤 수가 와도 그 값이 0이라는 사실을 중학생 때 배웠다. 우리 영혼이 정말 영원하다면 이 세상에서의 삶은 아무것도 아니다. 이 세상 삶은 오직 영원을 준비하는 것으로만 그 의미를 갖는다.

묵상을 위한 질문

1. 누군가 "성령 받았습니까?"라고 묻는다면 뭐라고 답하겠는가? 혹시 성령을 받았다면 그 증거는 무엇인가?

2. 신자인 내가 불신자와 가장 크게 다른 점이 있다면 어떤 점일까?

3. 사람은 자기가 원하는 만큼 성령으로 충만할 수 있다. 성령 충만에 방해가 되는 것이 있다면 어떤 것일까?

교회

구약에 나타난 교회

성경을 얘기할 때 흔히 구약은 예표, 신약은 성취라고 한다. 구약은 신약에 나타나고 신약은 구약에 숨어 있다고도 한다. 그러면 교회도 구약에 그 암시가 있을 것이다.

우선 노아의 방주가 그렇다. 홍수 때 죽고 사는 기준이 방주였던 것처럼 영생과 영벌의 기준이 교회다. 교회 안에 있으면 살고, 교회 밖에 있으면 죽는다. 예수를 믿으면 살고, 예수를 믿지 않으면 죽는다.

예전에 왜 다른 종교에는 구원이 없고 기독교에만 구원이 있다고 하느냐는 말을 들은 적이 있다. 답은 뻔하다. 이 세상을 만드신 분이 하나님이기 때문이다. 하나님이 이 세상의 주인이다. 구원 역시 하나님께서 어떻게 정하셨느냐가 기준이다. 노아 홍수 때 구원과 멸망의 분기점이 방주였던 것과 같다.

노아의 며느리들이 방주를 만들 때 어떤 마음이었을까? 이상한 집에 시집와서 고생한다고 투덜대지 않았을까? 동서 셋이 모여서 시아버지 흉깨나 봤을 것이다. 그리고 자기들이 얼마나 귀한 일을 했는지 홍수 후에 깨달았을 것이다. 우리한테 있는 신앙이 바로 그렇다.

그다음 두 번째로 예루살렘 성전을 들 수 있다. 성전은 제사를 지내는 곳이다. 어떤 사람이 제물이 될 양을 끌고 성전에 왔다고 하자. 그 양을 죽여서 가죽을 벗기고 각을 뜬다. 그런 절차가 끝나면 제사장이 양의 피를 뿌리고 제단에 불을 붙여서 양을 태운다.

그 사람이 어떤 심정이었을까? 당연히 자기가 죽는 심정이었을 것이다. 양의 사체가 불타는 것을 보면서 "내가 불에 타야 하는데 양이 나 대신 불에 타는구나"하고 애통했을 것이다. 이 모습을 교회로 옮기면, 예수님이 십자가에 달린 것이 자기 죄 때문임을 인정하는 것이 된다. 교회는 죄 문제 해결에 초점이 있는 곳이다.

우리가 교회에서 궁극적으로 관심을 가져야 할 내용은 하나님께서 보시는 자기의 도습이다. 그런데 "이럴 때는 어떻게 하는 것이 좋습니까?"라는 질문을 받는 수가 있다. 무슨 뜻일까? "어떻게 하는 것이 저한테 유리합니까?"라는 질문이라면 해줄 수 있는 말이 없다. 내가 세상 물정에 대해서 뭘 알겠는가? "어떻게 하는 것이 하나님 보시기에 옳습니까?"라는 뜻이면 이미 답을 알고 있을 것이다.

그런데 왜 그런 질문을 하는가 하면, 교회가 어떤 곳인지 몰라서 그렇다. 교회는 세상을 살아가는 문제를 종교적인 방법으로 해결해 주는 곳이 아니다. 행여 세상을 사는 일 때문에 하나님에게서 멀어지지 않는지 확인하는 곳이다. 교회에 다닐수록 하나님께 인정받는 모습으로 변모되어야 한다.

그다음 이스라엘이 출애굽했을 때의 광야 생활을 들 수 있다. 이스라엘이 홍해를 건넌 것은 가나안에 가기 위한 것이었다. 그런데 중간에 광야가 있었다. 가나안에 가려면 광야를 지나야 한다. 그 광야가 오늘날의 교회를 보여준다.

예수를 믿으면 구원 얻는다. 그런데 구원 얻었다고 해서 바로 천국에 가지는 않는다. 구원 얻은 다음에 천국에 들어가기까지 이 세상에서 산다. 결국 이 세상을 살면서 신앙을 연습하는 곳이 교회다.

교회에서는 누구나 자기를 죄인이라고 한다. 하지만 신학적으로 따지면 문제가 있는 말이다. 우리가 죄인이면 예수님이 왜 십자가에 달리셨을까? 예수님이 우리 죗값을 다 치르셨는데 우리가 여전히 죄인이면 말이 안 된다. 우리는 의인이다. 그런데도 죄인이라고 한다. 신분은 의인인데 수준이 죄인이기 때문이다. 교회는 신분과 수준의 격차를 줄이는 곳이다. 신분이 의인인 것처럼 수준도 의인이 되는 것을 연습하는 곳이다.

교회 밖에 있다가 교회 안으로 들어온 것은 엄청난 사건이다. 하지만 한꺼번에 거룩해지지는 않는다. 마치 이스라엘이 광야를 걸으면 걸을수록 가나안이 점점 가까워졌던 것처럼 우리 역시 날마다 신앙을 연습해야 한다. 그 일을 하는 곳이 교회다.

교회와 이스라엘

하나님이 왜 이스라엘만 편애하시느냐는 질문을 받은 적이 있다. 성경을 읽다 보면 그런 생각이 들 수 있다. 하나님께서 이스라엘을 통해서 하나님의 백성을 보여주셨기 때문이다. 구약시대에는 혈통이 기준이었다. 하나님의 백성이려면 이스라엘 백성으로 태어나야 했다.

성경에 나오는 이스라엘과 오늘날 중동 분쟁의 화근인 이스라엘은 같은 나라일까, 다른 나라일까? 힌트가 있다. 구약성경에 나오는 애굽은 지금의 이집트다. 애굽과 이집트는 어떨까? 성경에 나오는 애굽은 이 세상을 상징하지만 지금의 이집트는 지구상에 있는 한 나라일 뿐이다.

이스라엘도 마찬가지다. 지금 중동 지방에 있는 이스라엘은 성경에서 말하는 이스라엘과 같은 이스라엘이 아니다. 위치와 인종, 언어, 역사는 같지만 하나님께서 말씀하시고자 하는 내용은 단절되었다.

성경에 나오는 이스라엘은 교회의 예표다. 하나님께서 아브라함을 불러서 복의 근원을 삼으셨던 것처럼 이스라엘을 통해서 하나님의 백성 된 모습을 나타내고자 하셨다. 구약시대에는 이스라엘이 곧 하나님의 백성이었다. 하지만 지금은 혈통이 아니라 믿음이 기준이다. 예수를 주로 고백해야 하나님의 백성이다.

성경에 나오는 이스라엘은 참 한심하다. 우상을 섬기면 안 되는데

교회 87

우상을 섬긴다. 대표적인 우상이 바알이다. 그것 때문에 하나님의 징계로 이방 민족이 쳐들어오면 그때는 하나님께 살려달라고 한다. 다 이유가 있다. 바알은 농사의 신이다. 그리고 성경 곳곳에서 여호와를 전쟁의 신으로 얘기한다. 농사를 지을 때는 바알을 섬기고 전쟁이 벌어지면 여호와를 섬기는 것에 무슨 문제가 있을까?

예배당에 모였을 적에는 신자 같은데 세상에서는 불신자처럼 사는 사람들의 행태를 그대로 보여준다. 교회에서는 교회 식대로 처신하고 세상에서는 세상 식대로 처신하는 것이 당연한 것 아닐까? 괜히 신앙 잣대를 세상에 가지고 나갔다가는 굶어 죽기 십상이다.

결국 이스라엘이 문제가 아니라 우리가 문제다. 이스라엘이 예수를 믿어야 했던 것처럼 우리가 예수를 믿어야 한다. 불신자한테만 예수가 필요한 것이 아니라 우리한테 예수가 필요하다. 신앙은 구원받을 때만 따지는 것이 아니라 구원받은 다음에도 따져야 한다.

예수님과 교회

예수님이 이 땅에 오셔서 가장 먼저 하신 말씀이 "회개하라 천국이 가까이 왔느니라"였다. 이때의 천국은 우리가 죽은 다음에 가는 곳이 아니라 하나님 나라를 말한다. 예수님께서 이 땅에 오신 이유가 하나님 나라 때문이다. 그런 예수님께서 "주는 그리스도시요 살아 계신 하나님의 아들이시니이다"라는 베드로의 신앙고백을 토대로 교회를 세우겠다고 하셨다. 교회가 하나님의 나라와 연결된 곳임을 짐작할 수 있다.

천국이 하나님의 나라라면 천국 열쇠는 하나님의 나라 열쇠이다. 그리고 하나님의 아들은 하나님과 동급이다. 하나님의 나라 소유권이 하나님께 있는 것처럼 하나님의 아들 역시 그 나라의 주인이다. 베드로가 예수님을 하나님의 아들로 고백하자, 예수님이 하나님 나라의 열쇠를 주신 것은 너무도 당연하다. 그 나라 주인이 누구인지 아는 사람이라야 그 나라에 들어갈 수 있다.

우선 천국이 어떤 나라인지 정리할 필요가 있다. 천국은 통치권의 개념이다. 하나님의 통치가 이루어지는 곳이 천국이다. 어떤 사람이 하나님께 순종하면 그 사람이 있는 곳까지 하나님의 나라다. 어떤 사람이 하나님께 순종하지 않으면 그 사람이 있는 곳부터 하나님의 나라가 아니다.

고대 근동 지방에서는 통치자의 형상으로 통치 영역을 나타내곤 했다. 어떤 사람의 형상이 세워져 있으면 그 일대는 그 사람이 다스리는 곳이라는 뜻이다. 하나님께서 하나님의 형상대로 사람을 만들었다는 얘기가 그렇다. 사람한테는 하나님의 통치를 나타낼 책임이 있다. 그런데 아담이 그 일에 실패했다. 그래서 등장한 사람이 아브라함이고, 아브라함을 통해서 이스라엘 민족이 태동한다. 이스라엘은 이 땅에 하나님의 통치를 나타낼 책임이 있었다. 그런데 이스라엘도 실패했다.

교회

이스라엘은 이방인과 달리 할례를 받았다. 율법도 지켰고 성전에서 제사도 지냈다. 그런데 왜 실패했을까? 할례나 율법이나 성전이 아무리 하나님을 잘 설명하는 것이라도 사람한테 죄가 있는 이상 그것을 통해서 하나님께 나아갈 수 없기 때문이다. 죄인인 채로 할례를 받고 죄인인 채로 율법을 지키고 죄인인 채로 제사를 지내는 것으로 사람이 의롭게 되지는 않는다.

예수님께서 이 땅에 오신 이유가 바로 죄 때문이다. 예수님을 구세주로 고백한다는 말에는 "예수님이 내 죄를 위하여 죽으셨다가 다시 살아나셨음을 믿는다"가 포함되어 있다. 예수님을 구세주로 고백한다는 말은 죄를 사함받았다는 말과 같은 뜻이고 죄를 사함받은 사람만 하나님의 백성이 될 수 있다. 그런 사람만 하나님의 뜻에 순종할 수 있다. 그리고 하나님의 뜻은 우리의 거룩이다.

요한계시록에서 장차 우리가 갈 천국을 거룩한 성 새 예루살렘으로 설명한다. 성의 기초석은 열두 가지 보석으로 되어 있고, 문은 진주, 길은 정금으로 되어 있다. 우리가 갈 곳이 그만큼 영광스러운 곳이다. 그런 천국을 이 세상의 온갖 좋은 것이 다 있는 곳으로 오해하는 경향이 있는 것 같다. 그러면 굳이 갈 이유가 없다. 돈만 많으면 이 세상도 천국이다.

천국은 행복이 극대화되는 곳이 아니라 거룩이 완성되는 곳이다. 천국의 요체가 우리 행복의 완성이라면 굳이 이 땅에 교회가 있을 이유가 없다. 예수 믿는 사람마다 택배로 잘 포장해서 천국에 보내면 각자 알아서 행복하게 살 것이다. 그런데 먼저 교회로 모이게 하셨다. 우리한테 마냥 행복한 삶이 주어지는 것 이상으로 먼저 우리가 해야 할 일이 있다는 뜻이다. 하나님의 통치에 순복해서 우리한테 허락된 구원을 완성하는 일이다. "난 지금 죽어도 천국 갈 자신 있다"라고 말하는 것이 전부가 아니다. 천국의 주인이 누구인지 바로 알아야 한다. 그 주인의 통치에 순복하는 것을 연습해야 한다. 지금 하나님께 순종할 줄 모르는 사람이 천국에 가서 순종한다는 것은 어불성설이다.

교회는 바로 그것을 연습하는 곳이다. 교회에서조차 말씀대로 살지 못하면서 세상에서 말씀대로 살 수는 없다. 우리가 교회로 모일 때마다 하나님의 통치가 선포되어야 한다. 우리는 하나님의 통치권을 인정하는 사람들이다.

오순절 성령 강림과 교회

오순절 성령 강림으로 교회가 시작된다. 교회가 시작되고 가장 먼저 기록된 사건이 나면서 못 걷게 된 사람이 일어난 사건이다. 오순절 성령 강림은 사도행전 2장에 기록되어 있고, 베드로가 나면서 못 걷게 된 사람을 일으킨 사건은 사도행전 3장에 기록되어 있다. "은과 금은 내게 없거니와 내게 있는 이것을 네게 주노니 나사렛 예수 그리스도의 이름으로 일어나 걸으라"라는 유명한 말씀이 행 3:6 말씀이다. 이제 시작된 교회는 은과 금이 아니라 예수 그리스도의 이름이 있는 곳이다. 교회는 은과 금으로 힘을 삼지 않고 예수 그리스도의 이름으로 힘을 삼는다.

그다음에 어떻게 되었을까? 교회에 모인 사람마다 서로를 위하고 아껴주면서 늘 사랑이 넘치고 화목한 가운데 교회 생활을 했을까? 그렇지 않다. 은과 금 대신 예수 그리스도의 이름을 얘기하는 초대교회에도 분쟁이 있었다.

그 문제 때문에 일곱 명의 집사를 세운다. 그때 집사로 선출될 수 있는 조건이 '성령과 지혜가 충만하여 칭찬받는 사람'이었다. 교회의 일을 하려면 당연히 성령 충만해야 한다. 사람과 사람 사이에서 일을 하려면 지혜도 있어야 한다. 그런데 칭찬이 왜 필요할까?

교회는 하나님께 인정받는 곳이지, 사람에게 인정받는 곳이 아니다. 그런데도 '성령과 지혜가 충만한 사람'을 뽑지 않고 '성령과 지혜가 충만하여 칭찬받는 사람'을 뽑았다. 자고로 '좋은 신앙'은 사람과 사람 사이에서 확인되어야 하기 때문이다. 아무도 없는 곳에서 혼자만 하나님께 인정받는 법은 없다. 신앙은 남한테 도움 되는 것으로 나타나야 한다. 혼자 잘난 것은 무효다. 남을 잘나게 해줘야 한다. 그것이 신앙 실력이다.

어떤 책에서 교회는 병원 같은 곳이어야 한다는 내용을 읽은 적이 있다. 이 세상에서 상처받은 사람들이 마음 놓고 찾을 수 있는 곳이어야 한다는 뜻이다. 물론 교회에는 그런 기능이 있다. 하지만 그것만으로는 모자라다. 병원의 기능으로 교회가 다 설명된다면 교인들은 죄다 병자라는 얘기가 된다. 휠체어에 앉아서 링거를 꽂은 모습으로 어떻게 땅끝까지 이르러서 주님의 증인이 되고, 다리에 석고붕대를 감은 채 입원실에 누워서 어떻게 자기 십자가를 지고 주님을 따른단 말인가?

교회는 헬스장 같은 곳이어야 한다. 와서 엄살하다 돌아가는 곳이 아니라 건강해지는 곳이어야 한다. 병원은 오래 다닐수록 병약한 사람이지만 헬스장은 오래 다닐수록 건강한 사람이 되는 것처럼 교회도 그런 곳이어야 한다. 교회를 그런 곳으로 알면, 남들이 자기를 알아주지 않는다고 트정부릴 틈이 없다. 자기가 나서서 남을 챙기면 그것으로 족하다.

사람들은 걸핏하면 좋은 교회를 찾는다. 하지만 좋은 교회는 따로 존재하지 않는다. 좋은 교인이 있을 뿐이다. '좋은 교회'가 먼저 있어서 누구든지 그 교회에 속하면 저절로 좋은 교회의 구성원이 되는 것이 아니라 좋은 교인들로 구성된 교회가 좋은 교회다. 어느 교회가 좋은 교회인지 굳기 전에 자기가 좋은 교인인지 물어야 한다. 오순절 성령 강림을 통해서 그런 일이 가능하게 되었다.

교회 - 그리스도의 몸

동물들의 머리와 몸통을 따로 그려 놓고 서로 짝을 찾게 하는 그

림책을 본 적이 있다. 한쪽에는 사자, 호랑이, 기린, 얼룩말 등의 머리를 그려 놓고 다른 쪽에는 그 몸통들을 그려 놓아서 서로 연결하게 한 것이다. 사자 머리를 보면 사자 몸통이 연상되어야 하고, 호랑이 머리를 보면 호랑이 몸통이 연상되어야 한다. 물론 반대의 경우도 성립한다. 기린 몸통을 보면 기린 머리가 연상되어야 하고, 얼룩말 몸통을 보면 얼룩말 머리가 연상되어야 한다.

이 내용을 교회에 적용하면 어떻게 될까? 교회를 보면 예수님이 연상되어야 한다는 뜻이다. 예배당 건물이 교회가 아니라 우리가 교회다. 우리가 예수님을 머리로 하는 몸이다. 이런 사실을 감안하면 신앙에 대해서 눈높이를 높일 필요가 있다. 일주일에 한 번 예배 참석하고 십일조나 하는 것이 우리의 신앙 책임일 수 없다. 어떤 사람이 우리를 보았을 때 예수님이 떠오르도록 하는 것이 우리의 신앙 책임이다.

절대 과장이 아니다. 하나님이 예수님을 보낸 것이나 예수님이 우리를 보낸 것이나 원리가 같다. 예수님께서 하나님을 설명하기 위해서 이 땅에 오셨던 것처럼 우리 역시 예수님을 설명하기 위해서 이 땅에 존재한다. 예수님을 보면 하나님을 알 수 있는 것처럼 우리를 보면 예수님을 알 수 있어야 한다.

하나님이 이스라엘을 가나안으로 인도하시면서 가나안 족속을 진멸하라고 하셨다. 이 세상 풍조와 철저하게 단절하라는 뜻이다. 그런데 이스라엘은 가나안 원주민과 똑같이 살았다. 바알 우상을 섬겼고 가나안 원주민과 혼인도 했다. 우리가 그럴 수 있다. 매주 모여서 하나님을 예배한다. 설교도 듣고, 찬송도 부르고, 헌금도 하고, 봉사도 한다. 그러면서 세상 사람들과 똑같이 살면 다른 점이 무엇일까?

"신앙생활은 그렇게 하는 것이 아닙니다. 세상 사람이 우리를 봤을 때 우리한테서 예수님이 연상되어야 합니다."라고 하면, 그것이 성경의 요구인 줄 모르고 말도 안 되는 소리라고 한다. 심지어 "내가 목사도 아닌데 그렇게까지 해야 합니까?"라고 반문하는 사람도 있다. 신앙 원칙을 지켜야 하는 책임에는 목사와 교인 사이에 아무 차이가 없다고 해도 곧이듣지 않는다.

목사와 교인의 관계를 목자와 양으로 얘기하는 경우가 있다. 그런데 그렇게 말할 근거가 있는지 모르겠다. 시편 23편의 목자와 양은 하나님과 우리의 관계다. 누가복음 15장에는 잃은 양의 비유가 나오는데, 양을 찾는 목자가 누구일까? 목사만 목자여야 하는 것이 아니다. 교인들 역시 목자가 되어서 신앙이 여린 사람을 돌보아야 한다.

이사야 53장에서는 "우리는 다 양 같아서 그릇 행하여 각기 제 길로 갔다"라고 하여 우리가 어느 만큼 우매한지 말한다. 시편 100편에서는 "우리는 그의 것이니 그의 백성이요 그의 기르시는 양이로다"라고 하여 하나님의 주권을 말한다. 요한복음 10장에서는 주님이 양들을 위하여 목숨을 버리는 선한 목자라고 하여 우리를 향한 주님의 사랑을 말한다.

그런데 목사를 목자라고 하고 교인을 양이라고 하는 말에는 신앙

교회

을 자극하는 요소가 없다. 하나님께 영광 돌리는 모습도 없고, 인간이 어느 만큼 어리석은지 자책하는 모습도 없고, 오직 하나님께만 복종하겠다는 결단도 없다. 고작해야 "우리가 뭐 아나요? 목사님이 알아서 하셔야죠."라는 교묘한 게으름만 있다. 목사는 목자가 양을 푸른 초장과 잔잔한 물가로 인도하는 것처럼 늘 살찐 꼴을 먹여야 하고, 목자가 양을 이리 떼의 공격에서 지키는 것처럼 교인을 돌보아야 한다는 것이다. 얼핏 생각하면 맞는 말 같지만 사실은 그게 아니다. 자기를 부담스럽게 하지 말고 편하게 해달라는 뜻이다. 말로는 십자가 군병이라고 하는데 전투력은 없다. 그러면서 그것을 정상으로 안다. 목사와 교인을 목자와 양에 비유하는 것이 맞느냐, 틀리느냐의 얘기가 아니다. 그런 비유에 무슨 유익이 있는지 묻는 것이다.

아마 교인들이 목사한테 바라는 것이 있다면 예배 때마다 은혜로운 말씀을 들려주는 것과 이사를 하면 더 큰 집으로 이사할 수 있게 해달라고 기도하는 것, 사소한 불만이 있어서 입술이 튀어나와 있으면 그때마다 찾아와서 토닥거려주는 것 등등일 것이다.

단언하거니와 목사는 그런 사람이 아니다. 하나님의 뜻이 어떤지 설명하는 사람이고, 신앙적인 삶을 권면하는 사람이다. 교인들이 세상을 살면서 만나는 어려운 문제를 종교적인 방법으로 해결해주는 사람이 아니라 교인들이 세상을 사는 어려움 때문에 신앙의 길에서 이탈하지 못하도록 감시하는 사람이다. 그런 의미에서 목사는 목자보다 훈련소 교관이라고 하는 것이 어울린다.

목사가 그렇다면 교인은 훈련병인 셈이다. 요컨대 교회는 신앙을 훈련하는 곳이다. 어떤 사람한테서 예수님이 연상된다면 가장 바람직한 교인이다. 교회는 그리스도의 몸이다.

교회와 신앙

구원은 하나님과 자기의 1:1의 문제다. 자기가 예수를 믿어서 자기가 구원 얻는다. 그런데 구원을 얻은 다음에는 달라진다. 신앙생활은 하나님과 1:1로 하는 것이 아니라 '교회'라는 이름으로 모여서 한다. 구원에는 다른 사람이 개입할 수 없는데 신앙생활에는 다른 사람이 개입하지 않을 수 없다.

사람들은 주로 기도하고 찬송하고 성경 읽는 것을 신앙생활로 생각하는 것 같다. 그런데 하나님께서는 그보다 먼저 교회로 모이게 하셨다. 신앙에는 혼자 있으면 훈련이 안 되고 모여야만 훈련이 되는 요소가 있다는 뜻이다. 예컨대 협동심은 혼자서 기를 수 없는 것과 같다. 신앙은 혼자 기도하고 혼자 성경 읽고 혼자 찬송 불러서 자라는 것이 아니라 함께 모여서 지지고 볶는 것으로 자란다.

성경에 "네 믿음이 크도다"라는 칭찬은 있어도 "네가 옳도다"라는 칭찬은 없다. 사람들이 다투는 이유는 자기가 옳고 상대방이 틀렸기 때문인데 성경은 우리가 어느 만큼 옳고 상대방이 어느 만큼 틀렸는지에 관심을 두지 않는다. 성경은 우리가 어느 만큼 잘났는지를 따지지 않고 우리가 다른 사람과 함께 가는지를 따진다.

원수를 사랑하라는 말씀이 있다. 우리가 할 수 있는 경지가 아닌데 성경의 요구가 그렇다. 그러면 천 리 길도 한 걸음부터라고 했다. 이 세상 모든 사람을 사랑하기 전에 먼저 우리끼리 사랑하는 것을 연습해야 한다. 시험 볼 때 쉬운 문제부터 푸는 것처럼 교회가 바로 그것을 하는 곳이다. 교회에 다니면 다닐수록 다른 사람을 사랑할 수 있어야 한다. 그리고 자기도 다른 사람한테 사랑받을 수 있어야 한다. 그것이 곧 예수 믿는 실력이다. 교회는 그 실력을 키우는 곳이다.

교회와 우리의 책임

베드로가 "주는 그리스도시요 살아 계신 하나님의 아들이시니이다"라고 신앙고백을 했을 때 예수님께서 "내가 이 반석 위에 내 교회를 세우리라"라고 하면서 "내가 천국 열쇠를 네게 주리니 네가 땅에서 무엇이든지 매면 하늘에서도 매일 것이요 네가 땅에서 무엇이든지 풀면 하늘에서도 풀리리라"라고 하셨다.

이어서 십자가 고난을 말씀하셨는데, 그 말을 들은 베드로가 펄쩍 뛴다. "주여 그리 마옵소서 이 일이 결코 주께 미치지 아니하리이다"가 베드로의 항변이었다. 그랬다가 "사탄아 내 뒤로 물러가라 너는 나를 넘어지게 하는 자로다 네가 하나님의 일을 생각지 아니하고 도리어 사람의 일을 생각하는도다"라는 질책을 들었다.

구약시대에는 이스라엘 사람으로 태어나는 것이 하나님의 백성이 되는 조건이었다. 할례니 율법이니 성전이니 하는 것들이 이스라엘 백성한테만 해당 사항이 있었다. 이스라엘을 통해서 교회를 보여주신 것이다. 이스라엘이 진짜가 아니라 교회가 진짜다. "내가 이 반석 위에 내 교회를 세우리라"라는 예수님 말씀은 지금까지 혈통으로 말미암던 하나님의 백성이 앞으로는 신앙고백으로 말미암는다는 뜻이다.

구약성경에 보면 애굽, 블레셋, 모압, 암몬, 아람, 에돔, 앗수르, 바벨론, 두로, 시돈, 미디안 등 상당히 많은 나라와 족속이 나온다. 그런데 하나님께서 유독 이스라엘에 대해서만 "이건 이렇게 해라, 저건 저렇게 해라" 하고 간섭하신다. "너희는 완제품이 아니다. 내 백성으로 만들어져야 한다."라는 뜻이다. 하나님의 백성을 하나님의 백성답게 만드는 것이 하나님의 관심이다.

이 내용을 우리한테 적용하면 어떻게 될까? 하나님은 우리를 하나님의 사람으로 빚어 만들기를 원하신다. 그러면 우리의 관심도 거기 있어야 한다. 하나님께 어떤 헌신을 하느냐, 하나님께 어떤 도움을 받느냐가 문제가 아니다. 우리가 하나님을 닮아가야 한다.

교회는 하나님의 백성이 모인 곳이다. 예수님이 하나님의 아들이라는 사실도 알고, 그 예수님이 자기를 위하여 돌아가셨다는 사실도 안다. 그런데 자기한테 어떤 일이 있어야 하고, 자기가 무엇을 해야 하는지에 대해서는 잘 모르는 것 같다. 아니 잘못 알고 있다. 교회가 어떤 곳인지 나름대로 정해 놓은 답이 있기 때문이다.

예수님께서 베드로를 꾸짖을 때 "네가 하나님의 일을 생각하지 아니하고 도리어 사람의 일을 생각하는도다"라고 했다. 방금 베드로가 "주는 그리스도시요 살아 계신 하나님의 아들이시니이다"라고 했을 때는 "바요나 시몬아 네가 복이 있도다. 이를 알게 한 이는 혈육이 아니요 하늘에 계신 내 아버지시니라"라고 했으니, 베드로가 잠깐 공중에 붕 떴다가 이내 땅으로 꺼진 것이다.

베드로가 예수님이 누구인지 안 것은 하나님으로 말미암은 일이었다. 그런데 예수님을 섬기는 방법 - 예수님이 고난을 받고 죽으시는 일에 대해서 자기가 어떻게 할 것인지에 대해서는 자기 생각 대로였다. 우리한테 옮기면, 우리한테 예수를 믿는 믿음이 있는 것은 하나님의 은혜다. 그런데 교회가 어떤 곳이고, 그 교회에서 무엇을 해야 하는지는 자기가 정하는 폐단이 있다.

성경에 시어머니도 과부이고 며느리도 과부인 경우가 나온다. 나오미와 룻이 그 주인공이다. 모압에 기근이 들자, 같이 베들레헴으로 향한다. 원대한 포부를 안고 고향을 찾는 것이 아니다. 베들레헴에는 양식이 있다고 하니 이삭이라도 주워서 연명할 생각으로 지친 걸음을 옮기는 중이다. 그런데 베들레헴에서 둘을 기다리는 것은 그 정도가 아니었다. 룻이 보아스와의 사이에서 후사를 얻는다. 그 후사가 다윗의 할아버지다. 그리고 나중에 예수님의 족보에도 이름이 오른다.

룻이 얻고 싶은 것은 밭에 떨어진 이삭이었다. 가정을 이루고 후사를 이어서 새로운 인생을 시작하는 것은 언감생심이다. 하물며 예수님의 족보에 이름을 남기는 것은 상상도 못할 일이다. 그런 것이 있는 줄도 모른다. 당장 끼니만 거르지 않으면 더 이상 바랄 게 없었다.

교회는 그리스도께서 피로 값 주고 세우신 곳이다. 하나님께서 창세전부터 하늘에 속한 모든 신령한 복을 주시려고 예비하신 곳이다. 하지만 사람들은 그런 것을 기대하지 않는다. 고작해야 마음의 평안을 찾고, 막연한 주술적인 효과를 기대한다. 하나님께서는 우리로 천국 기업을 잇게 하려고 하시는데 우리는 자기의 얄팍한 욕구가 채워지는 것만 기대한다.

하나님께서는 룻을 위해서 보아스를 예비하셨다. 그것이 전부가 아니다. 장차 예수님의 족보에 이름이 오르게 하실 것이다. 하지만 룻은 그런 것에 관심이 없었다. 밭에 떨어진 이삭을 주워서 주린 배를 채울 수 있으면 그것으로 충분했다. 요즘 말로 옮기면, 주님의 성품을 닮아간다거나 거룩을 배우는 데 관심이 없었다. 자기를 통한 하나님의 계획이 있는 줄은 모르고 고작해야 자기가 원하는 한두 가지 욕구만 이룰 수 있으면, 그것이 교회에서 얻어갈 수 있는 전부인 줄로 아는 격이다.

교회는 우리의 욕구를 충족시켜주는 곳이 아니라 십자가와 연결된 곳이다. 주님께서 "누구든지 나를 따라오려거든 자기를 부인하고 자기 십자가를 지고 나를 따를 것이니라"라고 말씀하셨다. 하늘 아버지께서 우리를 위해서 예비하신 모든 은총과 복이 그 길에 연결되어 있다.

이사야서에 천국을 마치 동화의 한 장면처럼 묘사한 부분이 있다.

> 그때에 이리가 어린양과 함께 살며 표범이 어린 염소와 함께 누우며 송아지와 어린 사자와 살진 짐승이 함께 있어 어린아이에게 끌리며 암소와 곰이 함께 먹으며 그것들의 새끼가 함께 엎드리며 사자가 소처럼 풀을 먹을 것이며 젖 먹는 아이가 독사의 구멍에서 장난하며 젖 뗀 어린아이가 독사의 굴에 손을 넣을 것이라(사 11:6-8)

사자가 소처럼 풀을 먹는 것이 천국의 한 모습이다. 상상만 해도 평화롭기 그지없다. 그런데 사자가 이 말을 알아들을까? 사자가 그곳이 천국인 것을 알려면 일반적인 사자의 수준을 넘어야 한다.

자기를 부인하고 자기 십자가를 지는 것이 왜 복인지 우리는 모른다. 하지만 복인 것만은 분명하다. 성경이 그렇게 말하고 있다. 우리가 교회에 모였으면 그다음에 할 일은 십자가를 지는 일이다. 우리 중에 "주는 그리스도시요 살아 계신 하나님의 아들이시니이다"라는 말씀에 "아멘"하지 않는 사람은 없다. 하지만 그 정도로는 모자라다. 사탄이라는 책망을 받은 베드로도 그런 고백을 했다. "누구든지 나를 따라오려거든 자기를 부인하고 자기 십자가를 지고 나를 따를 것이니라"라는 말씀에도 "아멘"할 수 있어야 한다. 베드로와 같은 고백을 하지 않은 사람은 관계없지만 혹시 같은 고백을 한 사람이라면 당연히 그렇다.

교회와 우리의 기대

예수를 믿는 사람은 교회에 가고 예수를 믿지 않는 사람은 교회에 가지 않는다. 꼬박꼬박 교회에 가는 사람은 예수를 잘 믿는 사람이고 한 주 걸러 한 번 가는 사람은 대충 믿는 사람이다. 더 잘 믿는 사람은 주일예배만이 아니라 수요예배, 새벽예배에도 갈 것이다.

뭔가 석연치 않다. "오라 우리가 세상을 변화시키자"라는 복음성가가 있다. 비단 그 복음성가가 아니라도 세상을 변화시켜야 한다는 얘기를 종종 듣는다. 대체 어떻게 해서 세상을 변화시킨다는 얘기일까? 우리가 열심히 교회에 출석하면 그 정도에 따라서 세상이 알아서 변화할까?

사업체를 운영하는 사람이 있다. 새벽부터 밤늦게까지 열심히 일한다. 학연이나 지연 같은 인맥을 동원하기도 하고 필요하면 편법을 쓰기도 한다. 공무원한테 돈봉투도 건넨다. 그러다가 예수를 믿게 되었다. 그래서 달라진 것이 한 가지 있다. 지금까지처럼 열심히 일하기도 하고 학연이나 지연을 동원하기도 하고 편법을 쓰는 것은 똑같은데, 거기에 더해서 기도도 한다.

교회

이런 경우에 그 사람이 예수를 믿는다는 사실이 어떤 의미가 있을까? 이 세상에서 써먹을 수 있는 카드를 한 장 더 가졌다는 뜻일까? 그런 식으로 예수를 믿어서는 예수 믿는 사람이 아무리 많아져도 세상이 변하지 않는다. 아니, 세상은 고사하고 자기 자신도 변하지 않는다.

예수를 믿는다는 얘기는 이 세상을 사는 기준이 바뀌었다는 뜻이다. "자기가 원하는 것을 어떻게 얻느냐?"가 문제가 아니라 "하나님께서 무엇을 기뻐하시느냐?"가 문제다. 자기가 원하는 것을 얻지 못한다고 해도 하나님께서 싫어하시는 일을 할 수는 없다. 하나님이 이 세상과 다음 세상의 주인이기 때문이다.

우리의 이 세상 삶은 다음 세상과 연결되어 있다. 이 사실을 모르는 사람은 없다. 그런데 이상한 폐단이 있다. 다음 세상이 있는 것을 알면서 이 세상에만 관심을 두고 살아간다. 학생들로 치면 일주일 후에 시험인 것을 알기만 하고 공부는 안 하는 격이다.

일단 예수를 믿으니까 구원은 얻었다. 영혼 문제는 그것으로 해결되었다. 그러니 예수를 더 잘 믿어서 이 세상에서 현실적인 도움을 받는 것이 남은 문제라는 것이다. 열심히 기도해서 아파트 당첨되고, 열심히 기도해서 애가 대학 가고, 열심히 기도해서 장사가 잘되는 것을 기대한다. 신의 성품에 참여한다거나 거룩한 사람이 된다, 구원을 이룬다는 쪽으로는 관심이 없다.

이스라엘이 블레셋과 싸워서 진 적이 있다. 무려 사천 명이 죽었다. 장로들이 그 문제로 고민한 끝에 결론을 내렸다. "우리가 진 것은 언약궤가 우리 중에 없기 때문이다. 언약궤를 가져오자. 언약궤를 앞세우고 싸우면 우리가 이길 것이다."

그래서 어떻게 되었을까? 언약궤 없이 싸웠을 적에는 사천 명이 죽었는데 언약궤를 앞세우고 싸운 싸움에서는 삼만 명이 죽었다. 심지어 언약궤마저 빼앗기고 말았다.

신앙이 무엇인지 몰라서 나타나는 단적인 예다. 예수님께서 우리한테 주신 것은 천국 열쇠다. 그런데 사람들의 관심은 땅에 머물러 있다. 자기한테 신앙이 있으면 그 신앙이 자기 뜻을 이루는 데 도움이 되는 줄 안다.

하나님의 아들이 왜 세상에 오셨을까? 이 세상 모든 족속이 죄인인데 이스라엘만 의인이었으면 예수님은 이스라엘을 세계 모든 민족 위에 뛰어난 민족으로 만들어주시기 위해서 오신 분이어야 한다. 그렇다면 우리한테 있는 신앙은 우리가 하고 싶은 일을 이루는 힘으로 작용해야 한다. 그런데 이스라엘도 다른 민족들과 마찬가지로 죄인인데 하나님의 아들이 죄인을 부르러 왔다면, 이스라엘은 만사 제치고 하나님 나라에 편입되어야 한다. 그 일이 가장 시급하다. 우리는 이 세상에서 우리 욕심이 이루어지기를 기대할 것이 아니라 거룩하게 변모되기 위해 애써야 한다는 뜻이다.

이 땅에 교회가 시작되고 첫 번째로 순교한 사람이 초대교회의 집사였던 스데반이다. 초대교회에서 집사가 될 수 있는 자격은 "성령과 지혜가 충만하여 칭찬 듣는 사람"이었다. 스데반은 분명히 성령이 충만한 사람이었다. 그런데 설교 한 편 하고는 돌에 맞아 죽었다. 하나님이 왜 스데반한테 성령 충만을 허락하셨을까?

어쨌든 알 수 있는 사실이 있다. 성령 충만이 어떤 일의 방법이나 수단이 아니라는 사실이다. 성령 충만 자체가 목적이다. 성령 충만해서 무엇을 하는 것이 아니라 성령 충만 자체로 충분하다.

성령 충만이 그 자체가 목적이면 신앙도 마찬가지다. 우리는 신앙을 발판 삼아서 뭔가를 얻어내야 하는 사람이 아니다. 신앙이 곧 우리가 추구해야 할 궁극적인 가치이고 목적이다.

스데반이 그 충만한 성령으로 한 일이 딱 하나 있다. 돌에 맞아 죽을 적에 기도한 일이다. "주 예수여 내 영혼을 받으시옵소서"와 "주여 이 죄를 저들에게 돌리지 마옵소서", 이 두 가지를 기도했다.

이런 기도를 할 수 있는 원동력이 성령 충만이다. 스데반이 했던 기도는 예수님이 십자가에서 했던 기도이기도 하다. 스데반은 성령 충만해서 예수님과 같은 사람이 되었다. 이것이 하나님께서 스데반을 성령으로 충만하게 하신 이유다.

예수를 믿는 것은 세상을 살아가는 남모르는 비방을 하나 더 갖는 것이 아니다. 이 세상의 기본 질서에 대한 정답을 안다는 뜻이다. 우리가 아는 정답은 "이 세상이 전부가 아니라 다음 세상이 있다. 하나님이 이 세상과 다음 세상의 주인이다."라는 사실이다.

그리고 교회는 하나님을 주인으로 모신 삶을 연습하는 곳이다.

"하나님께 순종해야 하는 것은 알지만 지금은 별수 없습니다"라고 하면 안 된다. 정답을 알기만 하고 그 정답이 자기한테서 나오지 않는 것이 우리의 문제다. 그래서 연습이 필요하다. 교회가 그 연습을 하는 곳이다.

교회 - 주님을 따르는 사람들의 모임

가끔 고등학교 동창 모임에 가면 기도를 부탁하는 친구들이 있다. 진지하게 부탁하는 경우도 없지 않지만 대부분 넘어가는 말로 부탁한다. 어차피 목사는 사람들이 하는 일을 잘되게 기도해주는 사람이라고 생각해서 하는 얘기다. 그런 사람이 교회에 다니게 되었다고 하자. 교회에서 무엇을 기대할까?

그런데 예수님은 '주는 그리스도시요 살아 계신 하나님의 아들이시니이다"라는 신앙고백을 토대로 교회를 세우겠다고 하셨다. 교회는 예수님이 하나님 나라의 주인인 것을 고백하는 사람이 모인 곳이다. 그런 교회에 속하게 되면 가장 먼저 할 일은 예수님이 통치하시는 나라의 백성으로 사는 것을 연습하는 일이다. 하나님께 무엇을 얻는 게 중요한 게 아니라 하나님께 순종하는 것이 중요하다.

유치원 꼬마가 친구한테 자랑한다. "우리 엄마는 내가 해달라는 건 다 해준다." 같은 시간에 다른 엄마가 얘기한다. "저의 애는 말을 참 잘 들어요. 도무지 속을 썩이는 법이 없어요." 이런 경우에 어느 아이가 더 복된 아이일까?

부자 청년이 예수님 앞에 꿇어앉아서 묻는다. "선한 선생님이여 내가 무엇을 하여야 영생을 얻으리이까?" 그때 예수님은 소유를 다 팔아서 가난한 자들에게 주고 예수님을 따르라고 했고, 부자 청년은 근심하며 돌아가고 말았다. 이를 테면 부자 청년은 예수님께 약을 처방받으러 온 사람이다. 그런데 예수님은 평생 주치의가 되겠다고 말씀하셨다. 약 한 첩 처방 받아서 갈 생각 말고 앞으로 인생 전부를 맡기라는 것이다.

부자 청년은 난감했다. 부자 청년이 예수님께 기대한 것은 '원 포인트 레슨'이었다. 그런데 예수님이 너무 무리한 요구를 하셨다. 하릴없이 예수님을 등지고 말았다. 어지간하면 예수님을 따르고 싶지만 상황이 어지간하지 않은 것을 어떻게 할까?

예수님이 왜 그렇게 하셨을까? 예수님에 대한 우리의 자세는 '전부' 아니면 '전무'라야 하기 때문이다. 예수님을 주인으로 모시든지, 남남으로 지내든지 둘 중의 하나다. 중간은 없다.

어떤 사람이 교회에 다니게 되면 가장 먼저 해야 할 일은 예수님을 주인으로 모시고 사는 일이다. 자기가 하나님의 나라 백성이고 예수님이 하나님의 아들이면 당연히 그렇다. 이런 말을 하면 으레 나오는 질문이 있다. "그럼 우리는 예수님 좋은 일만 하고 우리 좋은 일을 하면 안 됩니까?"

그것이 왜 궁금할까? 예수님한테 좋은 일과 우리한테 좋은 일이 서로 다른 일일까? 그러면 예수님은 우리를 이용하는 분일까?

모든 부모의 소망은 아이가 잘되는 것이다. 부모한테 좋은 일이 아이한테 좋은 일이다. 그런데 아직 철이 없을 때는 이것을 모른다. 그래서 말 잘 듣는 아이를 착하다고 하는 것이다. 아이가 착할수록 아이한테 유익이다. 그런데 교회에서는 이런 생각을 못한다. 철없는 아이가 부모한테 좋은 일이 자기한테 좋은 일인 것을 모르는 것과 같다. 영적인 어린아이여서 그렇다.

혹시 예수님이 훌륭한 스승이면 우리는 얼마든지 예수님의 가르침을 취사선택할 수 있다. 아리스토텔레스를 존경하는 철학자라고 해서 꼭 아리스토텔레스처럼 살아야 하는 것은 아니다. 하지만 예수님은 다르다. 그분은 하나님의 아들이다. 우리가 존경할 만한 스승이 아니고 우리의 주인이다. 순종은 선택의 문제가 아니고 우리의 본질에 대한 문제다. 신자 중에 어떤 신자는 순종하고, 어떤 신자는 순종하지 않는 것이 아니다. 신자인지 아닌지가 거기에서 갈린다. 우리가 할 일은 우리 정체성을 나타내는 일이다. 교회는 이것을 연습하는 곳이다.

묵상을 위한 질문

---

1. 구약에 나오는 교회의 예표는 무엇이고, 그 이유는 무엇인가?

2. 신앙 연륜에 따라서 우리의 신분과 수준의 격차가 점점 줄어들어야 한다. 5년이나 10년 전과 지금을 비교하면 어떤지 각자 생각해 보자.

3. 예수님이 우리 주인이 맞을까? 교회는 예수님을 주인으로 모신 삶을 연습하는 곳인데, 우리 삶 가운데 예수님을 주인으로 모시지 못하는 영역이 있다면 어떤 것일까?

구원

구원이란 무엇인가?

먼저 구원이라는 말을 따져보자. 처한 상황에 따라서 구원의 양상이 달라진다. 깡패를 만난 여자에게는 의협심 강한 남자가 나타나는 것이 구원이고, 도산 위기에 몰린 사업가에게는 은행의 대출 승인이 구원이다. 깡패를 만나지 않은 여자에게 의협심 강한 남자는 별 의미가 없다. 도산 위기에 몰리지 않은 사업가도 그렇다. 은행에 대출 신청을 한 적이 없으니 대출 승인에 신경 쓸 이유가 없다. 같은 이유로 유대인들에게 예수님은 메시야가 아니었다. 메시야면 메시야답게 자기들을 로마의 압제에서 구원해줘야 하는데 엉뚱한 말만 했기 때문이다.

수메르신화에 폭풍의 신 엔릴이 인류의 타락에 격노해서 홍수를 일으킨다는 얘기가 나온다. 그리스신화의 제우스는 데우칼리온 부부를 제외한 사람을 전부 홍수로 심판한다. 이때 바다의 신 포세이

돈도 홍수에 참여했다. 노아 홍수 때 깊음의 샘들이 터졌다고 하는 성경의 기록과 흡사하다. 남아메리카신화에도 홍수 얘기가 나온다. 태양신 일라마가 인류를 멸망시키기로 하고 착한 목동과 그 가족에게 피신하라고 했는데 이것이 잉카문명의 시작이라고 한다. 오스트레일리아신화에는 인간 세상의 근친상간에 격노한 신이 홍수를 내렸다는 얘기가 있고, 아프리카와 북아메리카신화에도 홍수 얘기가 등장한다. 홍수 얘기가 이렇게 많은 것은 노아 홍수가 실제로 있었던 일이라는 방증일 수 있다.

마찬가지로 어떤 종교나 어떤 신화에서든지 죽음 이후의 심판을 말한다. 힌두교에는 윤회 사상이 있어서 착한 사람은 사람으로 환생하고 죄인은 동물로 태어난다고 한다. 고대 이집트에서는 오시리스가 죽은 자의 심장을 저울 위에 올려놓고 선악을 가늠하는데 깃털보다 무거우면 악어 모습의 신 암무트에게 끌려가서 영원히 고통받고 선한 자의 심장은 정의의 깃털에 싸여 이시리스 왕국에서 지낸다고 한다. 또 중국에서는 염라대왕 앞에서 49일간 머물며 심판받는다고 한다. 이것이 49재의 유래다.

이처럼 모든 신화나 종교에서 심판을 말하는 이유가 무엇일까? 심판이 있는 것을 본성적으로 알고 있기 때문 아닐까? 그렇다면 그 심판에서 구해주는 것이 구원이다. 심판의 이유가 죄 때문이면 죄에서 건져주는 것이 구원이다. 그러면 죄가 무엇인지 알아야 한다.

암 판정을 받은 여자가 있었다. 아이가 겨우 네 살이었다. 엄마의 병원 출입이 잦자, 아이가 물었다.

"엄마, 감기 걸렸어?"

"아니"

"엄마, 배 아파?"

"아니"

"설사해?"

"아니"

"그럼 아무것도 아니네."

애들은 열이 나거나 기침을 해야 병인 줄 안다. 암은 병이 아닌 셈이다. 성경이 말하는 죄도 우리 생각에는 별로 심각하지 않을 수 있다. 아담은 살인을 하지도 않았고 강도나 절도, 폭행을 하지도 않았다. 그런데 하나님은 눈높이가 무척 높으신 분이다. 거기에다 우리의 행위만이 아니라 마음까지 감찰하신다.

기독교와 다른 종교의 차이는 많다. 궁극적으로는 구원이 있느냐 없느냐 하는 것인데, 그 궁극적인 차이에서 파생되는 수두룩한 차이가 있다. 그중 하나가 죄에 대한 개념이다. 일반적으로는 선에서 멀어지는 것을 죄라고 한다. 죄가 그런 것이면 수양을 쌓아야 한다. 자기 수준을 높여서 절대 선의 경지에 이르러야 한다. 성경이 말하는 죄는 다르다. 사람이 하나님처럼 되려고 한 것에서 죄가 시작되었다. 그런 죄가 해결되려면 자기가 하나님이 아닌 것을 바로 인식해야 한다. 사람의 자리로 돌아와야 한다.

지난 2001년에 개척을 했다. 강남구 대치동 911-36번지 지하를 임차해서 집기를 다 들여놓았는데 건물주한테서 당혹스러운 말을 들었다. 건물이 상하니 간판을 걸지 말라는 것이었다. 세입자한테는 건물주가 왕이다. 건물주의 말을 안 들으려면 나가야 한다. 꼼짝없이 간판 없는 교회를 시작했다. 다행히 1년쯤 후에 건물주가 바뀌었고, 새 건물주한테 얘기해서 간판을 설치했다.

아담, 하와가 하나님 말씀을 어겼다. 건물주 말을 안 들으려면 건물에서 나가야 하는데 하나님 말씀을 어겼으니 어떻게 해야 할까? 하나님이 "동산 각종 나무의 열매는 네가 임의로 먹되 선악을 알게 하는 나무의 열매는 먹지 말라 네가 먹는 날에는 반드시 죽으리라"라고 하셨다. 이 세상에 하나님이 안 계신 곳은 없다. 그래서 죽는다고 했는데 이때 아담, 하와는 죽은 게 아니고 에덴동산에서 쫓겨났다. 죄로 인해서 하나님과의 관계가 단절되는 것을 죽음으로 말한 것이다. 결국 하나님과의 관계가 회복되는 것이 구원이다. 하나님과의 관계가 회복되려면 죄에서 나와야 한다.

죄에서 나오는 방법이 무엇일까? 불에 탄 건물에 있는 사람은 빠져나오면 된다. 부도 위기에 몰린 경우에는 돈을 끌어오면 된다. 죄에서 나오려면 어떻게 하면 될까? "앞으로 절대 죄 짓지 말아야지!"라고 다짐하면 될까?

물에 빠진 사람이 자기 머리카락을 잡고 끌어 올린다고 해서 물에서 나올 수 있는 것이 아니다. 밖에서 꺼내줘야 한다. 죄에서 나오는 것도 마찬가지다. 우리 능력으로는 안 된다. 구원은 우리가 만들 수 있는 것이 아니라 밖에서 와야 한다. 예수님이 그 일을 이루셨다. 예수님이 우리 죗값을 치렀으니 우리는 죄가 없다. 의롭게 되었다. 이런 일을 놓고 예수를 믿으면 구원 얻는다고 말한다.

구원의 방법

구원의 방법이라는 말에는 오해의 소지가 있다. 우리가 구원을 얻는 방법이 아니라 하나님이 우리를 구원하신 방법이다. '구원이 뭐냐?'라고 물으면 지옥에 안 가고 천국 가는 것이라고 말할 수 있을 것이다. 옹색하게 들리지만 일리 있다. 지옥에 안 가는 이유는 죗값을 치렀기 때문이고, 천국에 가는 이유는 하나님의 영이 우리와 함께하시기 때문이다. 우리 안에 성령님이 계시다.

예수님이 나사로를 살렸다. 나사로가 예수님 음성을 듣고 살아난 것이 아니다. 예수님이 "나사로야 나오라" 하고 부르시자, 나사로가 "예수님이 나를 부르는구나. 힘들어도 무덤 밖까지 나가면 나는 살 수 있어."라는 마음으로 젖 먹던 힘을 끌어 모아서 몸을 일으켜 나간 것이 아니다. 당시 나사로는 몸을 일으키는 것은 고사하고 들을 수 있는 청력도 없었다. 나사로가 예수님 음성을 듣고 살아난 것이 아니라 예수님 말씀이 나사로를 살렸다.

그런 일이 우리한테 나타났다. 우리가 예수님을 구주로 고백한 것이다. 우리 지성으로 예수님이 구세주인 것을 깨달은 것이 아니다. 우리 안에 계신 성령님이 알게 하셨다.

흔히 예수를 믿으면 구원 얻는다고 하는데 정확한 표현이 아니다. 그보다는 구원을 얻으면 예수가 믿어진다고 하는 것이 어떨까 싶다. 예수를 믿으면 구원 얻는다고 하면 예수를 믿는 사건이 구원을 얻는 사건보다 시간적으로 앞서게 된다. 예수를 믿을까 말까 고심하다가 믿기로 작정하면 구원이 주어지고, 안 믿기로 작정하면 구원이 주어지지 않는다는 식이다.

예수를 믿을까 말까 고심한다는 얘기는 나사로가 예수님 음성을 듣고 일어날까 말까 고민한다는 격이다. 하나님에 대해서 죽은 자연인은 하나님에 대한 감각이 없다. 예수를 믿을까 말까 고심하려면 일단 예수를 알아야 하는데 그럴 수 없다. 우리 안에 성령님이 계셔서 예수가 믿어지는 것인데 자기가 예수를 믿은 것처럼 생각하는 것이다.

"예수를 믿는다", "성령님이 계시다", "구원 얻었다"가 다 같은 말이다. 성령님이 죄와 함께할 수 없다. 성령님이 우리 안에 계시려면 죄가 해결되어야 한다. 죄는 사람이 하나님처럼 되려고 한 것에서 시작되었다. 죄를 해결하려면 하나님이 사람처럼 되어야 한다. 그것이 구원의 시작이다.

예수님이 공생애 사역을 시작하면서 제일 먼저 요한에게 세례를 받으셨다. 만일 예수님이 세례를 받지 않은 채 십자가에 달리셨으면 우리 구원에 문제가 생길까? 혹시 아무런 문제도 안 생긴다면 예수님은 해도 그만이고 안 해도 그만인 일을 하셨을까?

잠깐 말장난을 해보자. "예수님이 우리 대신 죽으셨다가 부활하셨다"가 맞는 말일까, 틀린 말일까? 예수님이 우리 대신 죗값을 치르셨다. 우리는 죗값을 치를 필요가 없다. 그러면 부활은 어떻게 될까? 본래 우리가 부활해야 하는데 예수님이 대신 부활하셨을까? 그래서 우리는 부활할 필요가 없을까?

혼인 예식 때 하객들한테 인사를 한다. 신랑이나 신부의 아버지가 하는 수도 있고 주례 목사가 하는 수도 있다. 그런데 차이가 있다. 신랑이나 신부의 아버지가 할 때는 "제가 양가를 대표해서…"라고 하는데 주례 목사가 할 때는 "제가 양가를 대신해서…"라고 한다. 주례 목사는 양가를 대신할 수 있지만 대표할 수는 없다. 대표는 아무나 할 수 있는 것이 아니다. 대표하는 집단에 속한 사람이어야 가능하다.

예수님의 죽으심과 부활에는 '대신'의 의미만 있는 것이 아니라 '대표'의 의미도 있다. 예수님이 세례를 받은 이유가 여기에 있다. 정말로 우리와 같아지셨다. 예수님의 죽음이 우리 죽음이 되고 예수님의 부활이 우리 부활이 될 수 있는 이유다.

사람이 하나님께 죄를 지었으니 그 죄는 사람이 해결해야 한다. 염소나 송아지가 해결할 수 없다. 예수님이 완전한 사람이어야 하는 이유다. 그렇다고 해서 사람이기만 하면 되는 것이 아니다. 죄를 지은 주체는 사람이지만 죄를 지은 대상이 하나님이다. 설마 하나님이 아무 제물이나 받으실까?

하다못해 뇌물을 줄 때도 받는 사람의 위상을 고려하는 법이다. 9급 공무원한테 주는 액수를 구청장한테 줬다가는 오히려 역효과가 날 것이다. 하물며 하나님이다. 하나님께 지은 죄를 사람이 해결할 수는 없다. 하나님이어야 한다. 그래서 하나님이 직접 제물이 되셨다. 예수님은 완전한 하나님이고 완전한 사람이다. 사람이 범한 죄를 위한 제물이 될 수도 있고, 하나님께 지은 죄에 대한 제물도 될 수 있다.

그런 예수님이 우리를 위해서 십자가에 달리셨고, 그렇게 해서 우리 죄가 해결되었다. 우리 안에 성령님이 거하실 수 있게 되었다. 우리가 구원 얻은 하나님의 백성이 된 것이다.

구원의 시제

구원에는 완료형 구원과 현재형 구원, 미래형 구원이 있다. 우리는 이미 구원 얻었고, 지금도 얻고 있고, 장차 얻을 것이다. 신학적인 용어로 칭의, 성화, 영화라고 한다. 칭의는 의롭다 칭함받는 것이다. 죄인이던 우리의 신분이 의인으로 바뀌는 것이다. 흔히 하는 말로 예수를 믿는 것이다. 성화는 거룩하게 되는 것이다. 예수를 믿되, 더 잘 믿는 것이다. 신분이 의인인 것처럼 수준도 의인이 되어야 한다. 영화는 영광스럽게 되는 것이다. 우리의 구원이 완성되어 변화된 몸을 입고 천국에서 영원토록 왕 노릇하는 것이다. 성경에 나오는 인물로 얘기하면 아브라함은 칭의, 야곱은 성화, 요셉은 영화를 보여주는 샘플이다.

> 내가 진실로 진실로 너희에게 이르노니 내 말을 듣고 또 나 보내신 이를 믿는 자는 영생을 얻었고 심판에 이르지 아니하나니 사망에서 생명으로 옮겼느니라(요 5:24)

> 너희의 허물과 죄로 죽었던 너희를 살리셨도다(엡 2:1)

하나님께서 우리를 살리셨다. 사망에서 생명으로 옮기셨다. 우리는 이미 구원 얻었다. 죄의 종이었다가 하나님의 자녀가 되었다. 죄인에서 의인으로 신분이 바뀌었다. 물과 성령으로 거듭났다.

> 그러므로 나의 사랑하는 자들아 너희가 나 있을 때뿐 아니라 더욱 지금 나 없을 때에도 항상 복종하여 두렵고 떨림으로 너희 구원을 이루라(빌 2:12)

우리가 구원 얻은 것은 맞지만 그 구원을 이루기도 해야 한다. 우리가 구원을 얻었다는 얘기는 하나님으로부터 의롭다 함을 받았다는 뜻이다. 즉 칭의를 말한다. 반면 날마다 그 구원을 이루라는 얘기는 더욱 신자다워지라는 뜻이다. 성화를 말한다. 점점 더 거룩해지는 것이다. 칭의는 즉각적이지만 성화는 점진적이다. 즉각적인 구원은 점진적인 구원의 시작이다.

> 너희가 말세에 나타내기로 예비하신 구원을 얻기 위하여 믿음으로 말미암아 하나님의 능력으로 보호하심을 입었나니(벧전 1:5)

구원에는 우리가 이미 얻은 구원과 지금도 계속 얻어야 하는 구원만 있는 것이 아니라 말세에 나타날 구원도 있다. 우리 구원이 완성되어 변화된 몸을 입고 새 하늘 새 땅에서 영원토록 살아가는 것을 말한다. 영화라고 한다. 영광스럽게 되는 것이다.

> 그러므로 우리가 믿음으로 의롭다 하심을 받았으니 우리 주 예수 그리스도로 말미암아 하나님과 화평을 누리자 또한 그로 말미암아 우리가 믿음으로 서 있는 이 은혜에 들어감을 얻었으며 하나님의 영광을 바라고 즐거워하느니라(롬 5:1-2)

우리는 믿음으로 의롭다 하심을 받았다(칭의). 우리의 의로움은 이미 이루어졌다. 이미 이루어진 의로움을 토대로 하나님과 화평을 누려야 한다(성화). 또 하나님의 영광을 바라고 즐거워해야 한다(영화).

이런 내용을 이스라엘의 출애굽에서 그대로 엿볼 수 있다. 홍해를 건넌 것으로 더 이상 애굽의 노예가 아니다. 이제는 자유인이다. 구원의 완료 시제, 칭의다. 그렇다고 해서 홍해를 건넌 곳이 가나안은 아니다. 가나안에는 지금부터 가야 한다. 구원의 현재 시제, 성화다. 그러다가 가나안에 도착하면 그곳은 젖과 꿀이 흐르는 땅이다. 그곳에서 하나님을 찬양하며 젖과 꿀이 흐르는 삶을 누려야 한다. 이것이 구원의 미래 시제, 영화다. 장차 우리는 변화된 몸을 입고 천국에 가서 주님과 더불어 영원토록 왕 노릇할 것이다.

가나안 땅에 들어가서 젖과 꿀이 흐르는 삶을 누리는 것이 영화라고 하면 의아할 수 있다. 가나안에 들어간 이스라엘은 두 다리 쭉 뻗고 지낸 것이 아니라 계속 전쟁을 했기 때문이다. 그것은 출애굽 1세대와 2세대의 차이 때문이다. 홍해를 건너서 광야를 지나 가나안에 가는 것으로 칭의, 성화, 영화를 말하는 것은 출애굽 1세대가 그렇다는 뜻이다. 그들은 가나안에 들어가지 못했다. 영화는 이 세상에서 이루어지지 않는 것이기도 하다. 가나안에는 출애굽 2세대가 들어가는데, 그들한테는 칭의, 성화, 영화 모델이 성립하지 않는다. 그들은 홍해를 건넌 적도 없고, 애굽의 종이었던 적도 없다. 그런 그들이 가나안에 들어간들 그것이 영화에 대한 상징일 수 없다.

교육전도사 시절, 교사 기도회를 인도하면서 출애굽이라는 말을 들으면 무엇이 연상되는지 물은 적이 있다. 전부 홍해가 갈라지는 장면이 연상된다고 했다. 홍해가 갈라진 것은 참으로 놀라운 사건이다. 그 홍해를 기준으로 이스라엘의 신분이 바뀌었다.

> 여호와께서 이르시되 내가 애굽에 있는 내 백성의 고통을 분명히 보고 그들이 그들의 감독자로 말미암아 부르짖음을 듣고 그 근심을 알고 내가 내려가서 그들을 애굽인의 손에서 건져내고 그들을 그 땅에서 인도하여 아름답고 광대한 땅, 젖과 꿀이 흐르는 땅 곧 가나안 족속, 헷 족속, 아모리 족속, 브리스 족속, 히위 족속, 여부스 족속의 지방에 데려가려 하노라(출 3:7-8)

하나님이 "내가 내 백성의 고통을 안다. 그래서 그들로 하여금 홍해를 건너게 해서 애굽이 아닌 곳에서 살게 하겠다."라고 하신 것이 아니다. 젖과 꿀이 흐르는 가나안 땅에 데려가겠다고 하셨다. 하나님은 애초부터 가나안을 염두에 두고 출애굽을 말씀하셨다. 가나안에 이르지 않는 출애굽은 의미가 없다.

우리가 흔히 한번 얻은 구원은 취소되지 않는다고 한다. 하나님이 완전하신 분이니 하나님의 구원 역시 완전할 수밖에 없다. 하나님이 이스라엘을 가나안으로 데려가기로 작정하셨는데 그 일이 실패로 끝날 수는 없다. 우리는 천국에 갈 수밖에 없는 운명이다. 맘대로 살아도 된다는 뜻이 아니다. 거기에 맞게 살아야 한다는 뜻이다. 온 가족이 미국으로 이민 가기로 했으면 시험공부 안 할 궁리를 할 게 아니라 영어 공부를 해야 하는 것과 같다.

구원과 복음

우리는 복음에서 으레 예수님을 떠올리지단 예수님이 오시기 전에도 복음이라는 단어가 있었다. 헬라 시대에는 복음이 전쟁 용어였다. 승전 소식을 복음이라고 했다.

젊은 남자들이 전쟁터로 나가면 성에 남은 여자들과 노약자들은 초조하게 전쟁 소식을 기다리게 된다. 그런 중에 저 멀리 언덕 너머에서 급히 달려오는 군인이 보이면 사람들이 얼마나 긴장할까? 이겼다는 소식이면 다행이지만 졌다는 소식이면 낭패다. 그 군인이 가지고 오는 소식에 따라서 자유인이 되기도 하고 노예가 되기도 하는데, 그때 손을 번쩍 치켜들면서 외치는 한마디 "우리가 이겼다!"는 분명히 복음이다. 복음이 이만큼 현실적이다. 노예냐, 자유인이냐 하는 엄청난 문제가 왔다 갔다 하는 사건이다.

왕하 6-7장에 아람의 침공으로 포위당한 사마리아성 이야기가 나온다. 한 여인이 왕에게 기가 막힌 하소연을 한다. 이웃 사람과 약속하기를, 먼저 자기 아들을 삶아서 같이 나눠 먹고 나중에 그 집 아들을 삶아 먹기로 했는데 자기 아들만 먹고는 그 집 아들을 숨겼다는 것이다. 사마리아성의 처지가 그만큼 비참했다.

마침 성 밖에는 네 명의 나환자가 있었다. 그들이 이래 죽으나 저래 죽으나 마찬가지이니 아람 진영에 가서 항복하자고 했다. 그런데 아람 진영이 텅 비어 있었다. 하나님이 아람 군대를 다 쫓아낸 것이었다. 네 나환자가 거기 있는 양식으로 실컷 배를 불리고 또 금은보화와 의복을 챙겼다.

> 나병 환자들이 그 친구에게 서로 말하되 우리가 이렇게 해서는 아니되겠도다 오늘은 아름다운 소식이 있는 날이거늘 우리가 침묵하고 있도다 만일 밝은 아침까지 기다리면 벌이 우리에게 미칠지니 이제 떠나 왕궁에 가서 알리자 하고(왕하 7:9)

좋은 소식이 있으면 전해야 한다. 혼자만 알고 있으면 안 된다. 인생을 살면서 생사가 걸린 문제는 별로 없다. 사막이나 정글에서 나침반을 챙기는 일 등을 꼽을 수 있는데 요즘은 그런 일도 없다. 하지만 복음은 생사가 걸린 문제다. 그런 문제를 혼자만 알고 있는 것은 죄악이다.

〈고구마 전도 왕〉이라는 책이 있다. 그 책에 회심을 하고 보니 예수를 믿으면서도 자기한테 교회 가자는 말을 하지 않은 사람들이 무척 얄밉더라는 얘기가 나온다. 군사 훈련을 받을 때가 생각났다는 것이었다. 밤에 혼자 몰래 화장실에 가서 빵을 먹고 오는 동기가 있었는데, 혼자만 예수를 믿는 사람도 마찬가지 아니냐고 했다.

어느 교회에나 신앙에 열심인 신자가 있다. 그런 신자한테 "당신은 지금까지 몇 명이나 전도했습니까?"라고 물으면 어떤 대답이 나올까? 토끼는 1년에 32마리 정도 새끼를 낳는다. 코끼리는 22개월 만에 한 마리 낳는다. 그런데 대부분의 교인은 20년이 지나도 한 명도 전도하지 못한다. 그러면 "금년에 몇 명한테 전도를 시도해보셨습니까?"라고 물으면 뭐라고 할까?

설교 때 다른 말을 하면 찔리는데 전도 얘기는 찔리지 않는다. "전도 할 사람 없어요"라는 말을 태연하게 한다 맞는 말이다. 전도할 사람이 있으면 여태 전도하지 않고 그냥 두었을 리가 없다. 하지만 전도할 사람이 없다는 얘기는 교회 가자고 했을 때 흔쾌히 따라 나설 사람이 없다는 뜻일 것이다. 즉 한 영혼을 위해서 기도할 책임을 말 한마디로 대신하려는 것이다.

우리는 "교회 가자"가 아니라 "예수가 구원이다"를 말해야 하는 사람들이다. 그런 말을 할 기회를 꾸준히 만들어야 한다. 토저 목사가 "이상한 일이다. 불신자에게 복음 전파를 신자의 제일가는 사명으로 알지 않는 신자가 많다."라고 한탄한 바 있는데, 토저 목사가 그 한탄을 취소하게 만들어야 한다.

그리고 무엇보다 전도에 대한 개념을 다시 정리해야 한다.

> 이르시되 우리가 다른 가까운 마을들로 가자 거기서도 전도하리니 내가 이를 위하여 왔노라 하시고(막 1:38)

예수님이 가버나움 회당에서 가르쳤다. 또 귀신을 쫓아내고 병자를 고쳤다. 다음날이 되자, 사람들이 몰려왔는데 예수님은 마침 한적한 곳에서 기도하고 계셨다. 제자들이 그런 예수님께 많은 사람이 찾는다고 했을 때 예수님이 하신 말씀인데 '거기서도 전도하리니'는 '여기서 전도한 것처럼'이 포함된 말이다. 예수님이 언제 전도했을까? 예수님은 사람들을 가르치고 귀신을 쫓아내고 병자를 고쳤다. 그런데 전도했다고 한다.

신자가 어떤 사람일까? 일주일에 한 번 예배드리는 사람일까? 그러면 예수님은 우리를 일주일에 한 번 예배 안 빼먹는 사람이 되게 하려고 십자가에 달리셨을까? 아무래도 우리가 신앙을 너무 '바겐세일'하고 있는 것 같다. 이런 예가 전도에서도 나타난다. 예수님은 하나님 나라를 선포하는 것을 전도로 말씀하셨는데 우리는 주변 사람한테 교회 가자고 얘기하는 것을 전도라고 한다.

우리가 예수님처럼 귀신을 쫓아내거나 병자를 고치는 일은 못할 수 있다. 하지만 우리가 그들과 다른 존재라는 사실은 나타내야 한다. 우리는 다른 세상을 살고 있는 사람들이다.

예수님은 전도하기 위해서 왔다. 하나님 나라를 넓히기 위해서 왔다. 우리는 전도에 대한 생각을 다시 할 필요가 있다. 사람을 데려다가 머릿수를 채우는 것이 전도가 아니다. 하나님 나라를 넓히는 것이 전도다. 자기가 있는 곳에서 늘 하나님 나라를 선포해야 한다. 사람을 교회에 데려오는 것은 그런 과정에서 생기는 자연스러운 귀결이다. 주변 사람한테 교회 가자고 하는 것이 전부가 아니라 "난 하나님께 매인 사람이다. 하나님 나라를 지향하는 사람이다."라는 사실을 매사에 드러내야 한다. 우리는 다른 가치관을 가지고 세상을 사는 사람들이다.

구원과 신앙 성장

예수님이 니고데모한테 "진실로 진실로 네게 이르노니 사람이 거듭나지 아니하면 하나님의 나라를 볼 수 없느니라"라고 하셨다. 거듭나는 것은 두 번 태어나는 것이다. 이를테면 병아리가 그렇다. 달걀로 한 번 태어나고 병아리로 다시 태어난다.

거듭난다는 말은 우리만 쓰는 것이 아니다. 세상에서도 "정치권이 거듭나야 한다", "동계훈련을 통해서 새로운 선수로 거듭났다" 같은 말을 쓴다. 하지만 성경이 말하는 거듭나는 것은 개량이나 개선이 아니라 새로운 출생이다. 존재 자체가 달라져야 한다. 이전 것과 단절된 새로운 모습이어야 한다.

유감스럽게도 실상은 그렇지 않다. 어떻게 된 영문인지 구원을 참 쉽게 말하는 예가 왕왕 있다. 마치 교회에 우호적이면 구원 얻는 것처럼 말한다. 정말 그럴까? 자동판매기에 동전 한 닢 넣고 커피 뽑듯이 구원 얻는 것이 가능할까? 그런 구원이 가능하면 구원 얻기 전과 구원 얻은 다음이 달라질 까닭이 없다.

성경은 "누구든지 나를 따르려거든 자기를 부인하고 자기 십자가를 지고 나를 따를 것이니라"라고 말한다. 예수님을 따른다는 얘기는 상위 1%의 엘리트 신자가 된다는 뜻이 아니다. 예수님을 구세주로 고백한다는 뜻이다. 신자라면 누구한테나 해당되는 말이다. 신자가 되었다는 얘기는 새로운 존재가 되어 새로운 가치관을 가지고 살아간다는 뜻이다.

그런데 언제부터인지 구원 얻은 자의 삶이 없어졌다. 어쩌면 예수 믿고 구원 얻었다는 말은 사탄이 가장 좋아하는 말일 수 있다. 칭의와 영화만 있고 성화가 없기 때문이다.

칭의는 우리한테 이루어진 일이기는 하지만 이미 지나간 일이다. 칭의의 영역에서는 우리가 할 일이 없다. 영화도 그렇다. 언젠가 우리한테 이루어질 일이지만 우리 의지가 작용하지는 않는다. 우리 의지가 작용할 수 있는 영역은 성화뿐이다. 그런데 예수 믿고 구원 얻었다는 말에는 칭의와 영화만 있고 성화가 없는 격이다. 출생일과 장례식만 있고 인생은 없다는 게 말이 될까?

요컨대 우리의 발걸음이 성화로 가득 차야 한다. 우리의 남은 일생 중에서 바로 오늘이 주님을 가장 덜 닮은 날이어야 하고 주님을 뵙는 날이 주님을 가장 많이 닮은 날이어야 한다. 그런데 우리 신앙이 과연 성장하고 있을까?

데이비드 레이븐힐이 쓴 〈제발 좀 성장하라〉에 뇌가 손상된 두 아들을 출산한 여자 이야기가 나온다. 두 딸을 낳았을 때만 해도 남편과 함께 행복하게 살았다. 아들 프레디를 낳았다. 생후 8개월이 되었는데 눈이 흐릿했고 앉지도 못했다. 그리고 두 살 때 죽었다. 셋째 레리를 낳았다. 같은 증상이었다. 뇌가 있어야 할 자리에 비활성 덩어리인 원구가 있었다. 병원에서는 금방 죽을 것이라고 했지만 열아홉 살까지 살았다. 그런데 그때까지 한 살 때 체격 그대로였다. 조금도 자라지 않은 채 19년을 살았다. 그런 아들을 보는 여자의 비통이 대부분의 신자를 보는 하나님의 마음 아니겠느냐고 묻는다. 19년 동안 신앙이 성장하지 않는 신자가 수두룩하다는 것이다.

그러면 어떤 것이 신앙이 성장하는 것일까? 신앙이 성장해야 한다고 하면 죄다 종교 행위를 따진다. 열심히 기도하고 열심히 성경 읽고 열심히 봉사해야 한다는 것이다. 그러면 하나님이 예배당 안에만 계신 분일까? 신앙은 삶의 전 영역에서 나타나야 한다. 가치관이 변해야 한다.

간혹 신앙을 우선순위의 문제처럼 말하기도 한다. 신앙적인 일을 먼저 해야 한다는 것이다. 만일 우리가 "하나님은 제 인생의 1순위입니다. 저한테는 언제나 하나님이 첫 번째입니다."라고 하면 하나님이 뭐라고 하실까? "그래, 장하다. 참으로 내 백성답구나."라고 하실까? 하나님이 첫 번째면 두 번째, 세 번째는 무엇일까?

어떤 남자가 여자한테 사랑을 고백한다.

"난 자기가 제일 좋아."

"정말?"

구원

"응, 그래서 자기를 열 번 만나면 미숙이는 다섯 번 만나고 영희는 세 번 만나고 순이는 한 번밖에 안 만나."

그러면 둘 사이는 그것으로 끝이다.

신앙이 가장 중요하다는 말은 다른 것에 비해 상대적으로 중요하다는 뜻이 아니다. 신앙이 모든 것의 기준이라는 뜻이다. 세상 사람들이 돈을 중요하게 여기는 이유는 돈이 가치의 척도이기 때문이다. 모든 것을 돈으로 따진다. 그런 것처럼 우리한테는 신앙이 기준이다. 윌리엄 폴 영이 쓴 〈오두막〉에 나온 표현을 빌리면 하나님은 피라미드의 꼭대기 같은 분이 아니라 모빌의 중심 같은 분이다.

2,000년 전에 이 땅에 오신 주님은 성전을 철폐하셨다. 지금 우리 안에 오시면 무엇을 철폐하실까? 하나님은 우리가 감히 구하지도 못하는 것을 주신다. 아무리 뻔뻔스러워도 "하나님, 제가 여태까지 범한 모든 죄를 위해서 대신 죽으시면 안 될까요?"라고 할 수는 없다. "저를 용서해주신 다음에 저를 영원한 집에 초대하면 안 될까요?", "이왕이면 제 안에 거하면서 저를 보호하시고 늘 저를 위하여 기도해주시면 안 될까요?"라고 할 수 있는 사람도 없다. 그런데 하나님이 우리에게 이런 은혜를 주신다. 이런 은혜가 임할 때까지 우리는 무엇을 철폐하면 될까?

구원 얻은 성도의 지위

예전에 〈타워〉라는 영화가 있었다. 최고급 주상복합빌딩에 화재가 난 상황을 설정한 재난 영화다. 토토복권에 당첨되어 그 빌딩에 입주한 장로가 집들이를 하는 장면이 나온다. 누군가 말한다. "와! 여기가 천국이네요!" 주변에서 종종 들을 수 있는 표현이기도 하다. 그런데 그런 표현을 써도 되는지 의문이다.

북유럽신화에서는 용감하게 싸우다 죽으면 천국에 간다고 한다. 게다가 그들이 말하는 천국이 유치하기 짝이 없다. 천국에 가면 꿀로 빚은 술을 마시고 아무리 먹어도 줄어들지 않는 돼지고기를 마음껏 먹는다고 한다. 그렇다고 해서 종일 먹고 마시기만 하면 지루하다. 그래서 낮에는 싸움을 하는데 밤이 되면 죽은 사람들이 다시 살아나서 같이 축제를 즐긴다. 천국을 자기들 수준으로 생각한 것이다.

천국은 이 세상의 모든 좋은 것을 모아 놓은 곳이 아니다. 하나님과의 완벽한 교제가 있는 곳이다. 팔자가 늘어지는 곳이 아니라 구원이 완성되는 곳이다. 천국의 요체가 행복의 극대화에 있지 않고 거룩의 완성에 있다. 우리가 그런 천국을 지향한다면 지금은 거룩을 위해 애쓰는 중이어야 한다. 천국은 인생의 어느 한 시점에 예수를 믿어둔 사람한테 보장된 기득권 같은 것이 아니다.

교회에 등록해서 세례를 받으면 자동으로 거듭난 사람이 되고 천국 백성이 된다고 여기던 19세기 영국 교회에 찬물을 끼얹은 사람이 있다. 바로 J. C. 라일 목사다. 그가 말했다. "안타깝게도 구원에 이르는 믿음이 없고 그리스도와의 진정한 사귐이 없는 것이 분명한데도 죽으면 천국에 간다고 말하는 사람이 많습니다. 하지만 그런 사람을 위한 천국은 없습니다." 그의 말은 계속 된다. "여러분은 이 땅에서 그리스도를 높이지 않습니다. 여러분은 그분을 사랑하지 않습니다. 여러분이 천국에서 무엇을 할 수 있을까요? 천국은 결코 여러분을 위한 곳이 아닙니다. 천국의 기쁨은 결코 여러분을 위한 기쁨이 아닙니다. 천국의 일은 여러분한테 따분하고 부담스러울 것입니다. 늦기 전에 회개하고 변화를 받으십시오. 천국에 대한 가장 확실한 준비는 주님과의 교제입니다."

진지하게 고민해 보자. 천국은 죄가 없는 곳인데 이 세상에서 죄를 즐기던 사람이 갈 수 있을까? 천국은 주님의 뜻이 완벽하게 이루어지는 곳인데 이 세상에서 주님의 뜻을 행하기에 게으르던 사람이 천국에 가면 어떻게 견딜까? 이 세상에서 천국을 지향하는 삶을 살지 않은 사람을 위해 준비된 천국이 있을까? 천국은 지옥 가기 싫은 사람이 가는 곳이 아니라 날마다 자기를 부인하고 자기 십자가를 진 사람이 가는 곳이다.

너희는 내가 명하는 대로 행하면 곧 나의 친구라(요 15:14)

예수님 말씀이 의아하다. "우리는 앞으로 친구다. 힘들거나 어려운 일 있으면 말만 해라. 나는 항상 너희 편이다."라고 한 게 아니라 "너희는 내가 명하는 대로 행하면 곧 나의 친구라"라고 했다. "앞으로 말 잘 들어라. 내 말 잘 들으면 친구 시켜줄게."가 무슨 영문일까?

친구 사이에는 우열이 없다. 둘이 동급이다. 하지만 예수님과 우리 사이에는 존재론적으로 차이가 있는데 그 차이를 메울 수 있는 방법이 순종이다. 우리가 예수님 말씀에 순종하면 우리한테서 예수님 수준이 나오게 된다. 열 번에 한 번 순종하면 열 번에 한 번 예수님 수준이 나오고, 열 번에 다섯 번 순종하면 열 번에 다섯 번 예수님 수준이 나오고, 열 번에 열 번 순종하면 열 번에 열 번 예수님 수준이 나온다.

기독교에서 순종을 중요한 덕목으로 꼽는 이유가 여기에 있다. 예수님이 우리를 친구라고 하신 것은 우리한테 혜택을 주신다는 뜻이 아니라 우리를 예수님과 같은 반열로 초대하신다는 뜻이다.

하나님이 아브라함을 '나의 벗'이라고 하셨다. 아브라함이 그만큼 남다르다는 얘기가 아니다. 구약시대 성부 하나님의 벗이나 신약시대 예수님의 친구나 같은 신분이다. 우리가 그런 사람이 된다.

첨언하면, 사람이 하나님처럼 되는 방법에는 두 가지가 있다. 하나는 선악과를 먹는 방법이고 다른 하나는 하나님께 온전히 순종하는 방법이다. 차이는 있다. 선악과를 먹으면 수준이 하나님처럼 되는 것이 아니라 하나님 행세를 하게 된다. 하나님처럼 군다고 하는 것이 더 정확한 표현이다. 하지만 하나님 말씀에 철저하게 순종하면 우리는 나타나지 않고 하나님만 나타난다. 말 그대로 하나님처럼 된다. 그것이 구원이다. 예수님이 우리처럼 되셨으니 이제는 우리가 예수님처럼 되어야 한다.

성경은 이런 사실을 혼인으로 설명한다. 창세기에서 아담, 하와가 혼인하는 장면을 "이러므로 남자가 부모를 떠나 그의 아내와 합하여 둘이 한 몸을 이룰지로다"라고 한다. 성자 예수님이 성부 하나님을 떠나 교회와 합하여 한 몸을 이루는 구원을 암시하는 말씀이다. 예수님이 우리와 한 몸이 되기를 원하신다. 요한계시록에는 어린양의 혼인 잔치가 나온다. 우리가 그리스도의 신부다. 남편과 아내가 한 몸을 이루는 것처럼 우리가 그리스도와 한 몸을 이룬다. 구원이 그만큼 놀라운 사건이다. 우리가 예수님과 아무런 구별이 없게 된다.

우리가 바로 그런 구원을 얻었다. 우리의 남은 날은 그 구원을 이루는 일로 가득 차야 한다. 예수님이 이 세상에 오신 김에 가외로 우리를 구원하시지 않았다. 그것이 목적이었다. 그러면 우리 역시 구원을 이루는 것이 삶의 목적이어야 한다. 신앙생활은 가외로 하는 게 아니다. 우리가 세상을 살아가는 이유와 목적이 구원에 있어야 한다. 그렇게 사는 사람을 신자라고 한다.

묵상을 위한 질문

---

1. 2,000년 전에 이 세상에 오신 예수님이 성전을 철폐하셨다. 지금 우리 안에 오신다면 무엇을 철폐하실까?

2. 예수님이 우리를 구원하시기 위해서 으리처럼 되셨다. 이제 구원 얻은 우리가 예수님처럼 되어야 할 차례다. 그 변화를 위한 첫 걸음이 어떤 것이어야 할까?

3. 한때 구원 확신을 상당히 중요하게 따지던 시절이 있었다. 하지만 하나님께서는 죽어서 천당 갈 사람보다 살아서 하나님의 나라를 확장할 사람이 필요하다. 그 하나님의 나라가 우리 내부와 우리 주변에서 어떻게 확장되어야 할까?

예배란 무엇인가?

어떤 책에서 예배라는 단어에서 연상되는 것이 무엇인지 묻는 내용을 읽은 기억이 있다. 축 처진 찬송과 지루한 기도, 뜬구름 잡는 설교가 연상되지 않느냐고 하면서 한마디를 보탰다. 인색한 헌금은 왜 빼먹느냐는 것이었다.

하기야 꼬박꼬박 축구 경기를 보러 간다고 해서 축구 선수가 되는 것은 아니다. 주말이면 예식장마다 사람이 미어터지지만 그 사람들 전부가 결혼을 하는 것도 아니다. 그럼 주일에 예배당 출입문을 나서는 사람 중에는 하나님을 예배하지 않고 시간만 보낸 사람도 있을 것이다. 대체 언제부터 이렇게 되었고, 왜 이렇게 되었을까?

데이비드 플랫의 〈카운터 컬처〉에는 훨씬 더 심각한 내용이 나온다. 사진관을 운영하는 일레인 위게닌이 바네사 윌록이라는 여성의 전화를 받았다. 여성 파트너와 삶을 함께하기로 약속하는 자리를 마련한다면서 사진을 찍어달라는 전화였다. 동성애를 축하하는 모임을 어떻게 도우란 말인가? 정중하게 거절했는데 윌록이 차별을 받았다며 뉴멕시코 인권위원회에 고발했고 법원이 윌록의 손을 들어주었다. 동성 간의 언약식에 촬영을 거부한 행위는 다른 인종 사이의 결혼사진 촬영을 거부하는 것과 마찬가지로 뉴멕시코주 인권법에 위배된다는 것이었다. 뉴멕시코주 고등법원은 일레인 위게넌에게 출석하는 교회에서는 마음껏 하나님을 찬양해도 괜찮지만 사업체에서는 신앙을 표현하면 안 된다고 설명했다. 한 주간을 시작하기 전 두어 시간 정도는 신앙 행위를 할 자유가 있지만 일상생활을 하면서는 믿음을 보류해야 한다는 뜻이다.

우리나라의 사례가 아니라서 다행이라고 하기에는 그 내용이 차마 끔찍하다. 세상이 어쩌다 이 지경이 되었을까? 분명한 사실은 우리가 일주일의 7일간 하나님을 예배하지 않는다면 일주일에 단 하루도 하나님을 예배하지 않은 것과 마찬가지다.

히브리어로 예배를 '아보다'라고 하는데 노동, 혹은 직업이라는 뜻도 있다. 히브리인들에게는 하나님을 경배하는 것과 몸을 써서 일하는 것 사이에 아무런 간격이 없었다. 예배와 노동이 분리되면 예배도 아니고 노동도 아닌 것이 된다. 예배가 예배당 안에 갇혀 있으면 안 된다. 삶의 현장에 연결되어야 한다. 말 그대로 예배가 삶이고 삶이 예배여야 한다. 세상이 이런 예배를 인정할까?

주후 1604년, 영국 국왕 제임스 1세가 당대 최고 학자 47명에게 성경을 번역하게 했다. 이렇게 해서 주후 1611년에 KJV이 탄생하게 된다. 이때 '아보다'를 어떻게 번역했을까? 영어에는 예배와 노동을 아우르는 단어가 없다. 천생 새로운 단어를 만들어야 했다. 머리를 맞댄 끝에 service라는 단어를 만들었다. 즉 service는 성경을 영어로 번역하는 과정에서 새롭게 만들어진 단어다.

그런데 언제부터인지 service에서 예배보다 일이나 봉사를 먼저 연상하는 경향이 생겼다. 그런 때문인지 요즘은 worship이라고 한다. 가치(worth)있는 것을 올려드리는 것이다.

> 아버지께 참되게 예배하는 자들은 영과 진리로 예배할 때가 오나니 곧 이때라 아버지께서는 자기에게 이렇게 예배하는 자들을 찾으시느니라(요 4:23)

하나님은 영이시다. 당연히 영과 진리로 예배해야 한다. 그런데 우리가 그렇게 예배하면 하나님은 그 예배를 받으시는 것이 아니라 그렇게 예배하는 사람을 찾으신다. 우리가 과연 하나님이 찾으시는 예배자인지가 관건이다.

오래전, 이다음에 교회에 다니게 되면 새벽예배를 드리겠다는 사람이 있었다. 이왕 믿을 바에는 열심히 믿겠다는 뜻이 아니다. 주일예배는 시간이 많이 소요되니 새벽에 잠깐 다녀오는 것이 부담 없겠다는 뜻이었다. 불신자가 한 말이니 타박할 이유는 없다. 하지만 신자 중에도 부담 없이 믿고 싶어 하는 사람이 있지 않을까 걱정이다.

신앙은 부담이 되면 안 되는 것이 아니라 부담스럽게 여기면 안 된다. 애인이 생겼는데도 금전 지출 항목이나 시간 쓰임새가 조금도 달라지지 않는 사람이 있다면 그런 사람과 연애를 하고 싶을까?

등가 교환의 법칙이라는 것이 있다. 어떤 것을 얻으려면 그에 상응하는 대가를 치러야 한다. 우리가 얻은 것이 영원한 생명인데 그에 상응하는 대가를 무슨 수로 치를 수 있을까? 자기 일에 목숨을 건다는 사람은 많다. 정주영 회장, 안철수 의원, 조정래 작가, 정경화 바이올리니스트, 최민식 배우, 김성근 감독, 조훈현 국수 등이 다 같은 말을 했다. 그런데 우리는 주님을 위해서 목숨을 걸어도 등가 교환의 법칙에 위배된다. 우리로서는 헌신할 재간도 없는 셈이다.

문희곤 목사가 그의 책 〈예배는 콘서트가 아닙니다〉에서 탐 크라우터의 얘기를 소개했다. 만일 새로운 나라를 창업할 기회를 가졌고, 사람들이 그 나라에서 지킬 열 가지 법을 제정한다면 어떤 조항을 우선적으로 정하겠느냐는 것이다.

십계명이 바로 그렇다. 하나님이 이스라엘에게 하나님 나라의 백성으로서 마땅히 지켜야 할 내용을 열 가지로 축약해서 친히 써 주셨다. 그 열 가지 계명 중에 첫 번째, 두 번째, 세 번째가 예배에 대한 것이다.

애초에 하나님이 이스라엘을 구원하신 이유가 하나님을 예배할 수 있게 하기 위한 것이다. 출 5:1b에 "내 백성을 보내라 그러면 그들이 광야에서 내 앞에 절기를 지킬 것이니라"라고 했고, 출 8:1에는 "여호와께서 모세에게 이르시되 너는 바로에게 가서 그에게 이르기를 여호와의 말씀에 내 백성을 보내라 그들이 나를 섬길 것이니라", 출 8:8b에는 "내가 이 백성을 보내리니 그들이 여호와께 제사를 드릴 것이니라"라고 했다. 하나님이 이스라엘을 예배 공동체로 부르셨다.

> 하나님이 이르시되 내가 반드시 너와 함께 있으리라 네가 그 백성을 애굽에서 인도하여 낸 후에 너희가 이 산에서 하나님을 섬기리니 이것이 내가 너를 보낸 증거니라(출 3:12)

홍해가 갈라지는 장면은 상상만 해도 장관이다. 하지만 하나님은 이스라엘을 애굽의 노예 신세에서 해방시켜 주려고 홍해를 가르신 것이 아니다. 이스라엘로 하여금 하나님을 섬길 수 있도록 하기 위해서 홍해를 가르셨다. 이스라엘이 하나님을 바로 섬기지 않는다면 하나님이 이스라엘을 구원하신 이유가 무색하게 된다. 이스라엘이 하나님을 예배할 수 없는 상황에 처하게 되자, 하나님이 적극적으로 개입하셔서 예배할 수 있는 상황으로 바꿔주셨다.

이런 예배의 원형이 구약의 5대 제사(번제, 소제, 화목제, 속죄제, 속건제)다. 레위기에 나오는데, 레위기 주제가 거룩이다. 레위기 앞에는 출애굽기가 있다. 애굽은 세상의 상징이다. 그런 애굽에서 나왔으면 가장 먼저 신경 써야 할 것이 거룩이다. 그리고 거룩의 요체를 제사로 설명한다. 왜곡된 하나님과의 관계를 바로 정립하는 것에서 거룩이 시작된다.

번제

가장 대표적인 제사다. 번제는 제물을 남김없이 불태운다. 자기를 철저하게 부인하는 것이다. 속죄제, 속건제가 특정의 죄에 대해서 드리는 제사라면 번제는 사람이 본래 죄인이기 때문에 드리는 제사다.

> 그 예물이 소의 번제이면 흠 없는 수컷으로 회막 문에서 여호와 앞에 기쁘게 받으시도록 드릴지니라(레 1:3)

번제로 드리는 제물은 소나 양, 염소, 비둘기 중에서 택하면 되는데 어떤 제물이든지 흠이 없어야 한다. 죄가 없으신 예수님을 예표하기 때문이다. 예수님이 십자가에 달려 돌아가셨어도 죄가 있으면 자기 죄로 죽은 것이지, 우리를 위한 죽음이 될 수 없다.

그런 제물을 여호와 앞에 기쁘게 받으시도록 드려야 한다. 흠 없는 제물을 드리기만 하면 하나님이 꼼짝없이 받으셔야 하는 것이 아니다.

어떻게 하면 하나님이 기쁘게 받으실까?

> 그는 번제물의 머리에 안수할지니 그를 위하여 기쁘게 받으심
> 이 되어 그를 위하여 속죄가 될 것이라(레 1:4)

비결은 의외로 간단하다. 번제물의 머리에 안수하면 된다. 안수하는 주체에 있는 것을 안수받는 객체에게 넘겨주는 것이다. 즉 죄를 전가하는 것이다. 예배에는 죄의 고백, 회개가 있어야 한다.

미국 인디애나주의 해몬드제일침례교회는 강단에 방탄 유리벽을 설치했던 적이 있다. 담임목사인 잭 하일스 목사가 설교 때마다 신랄하게 죄를 지적하는 것으로 유명한데, 한번은 어떤 청년이 설교가 듣기 싫다며 총을 쏘았기 때문이다. 다행히 총알이 빗나갔기에 망정이지, 하마터면 큰일 날 뻔했다.

사람은 본성적으로 죄에 대한 지적을 싫어한다. 그만큼 죄를 사랑한다는 뜻이다. 하지만 죄의 개념이 없으면 기독교가 교양 과목으로 전락하고 만다. 자기가 죄인인 것을 인정하지 않는 사람에게 무슨 변화를 기대할 수 있을까? 회개가 있어야 비로소 하나님과 연결된다.

> 그는 여호와 앞에서 그 수송아지를 잡을 것이요 아론의 자손 제사장들은 그 피를 가져다가 회막 문 앞 제단 사방에 뿌릴 것이며 그는 또 그 번제물의 가죽을 벗기고 각을 뜰 것이요(레 1:5-6)

제물을 가져오기만 하면 제사장이 제사 절차를 대행해주는 것이 아니다. 제물을 죽이고 가죽을 벗기고 각을 뜨는 일은 제물을 가져온 사람 몫이다. 그런 다음에 제사장이 제물의 피를 뿌리고 제단에 불을 붙여서 제물을 태웠다.

제물을 가져온 사람이 제물을 죽일 때 어떤 심정이었을까? 제물로 가져온 것이 양이면 "내가 죽어야 하는데 이 양이 대신 죽는구나"라는 회한이 가득했을 것이다. 또 가죽을 벗기고 각을 떴으니 온통 피를 뒤집어써서 몸에서 피비린내가 진동할 것이다. 어느 누가 봐도 제사를 드린 사람인 것이 확연하게 식별되었을 것이다.

이런 사실을 감안하면 우리는 더욱 예배에 몰입할 필요가 있다. 예배는 목사의 설교를 평가하고 찬양대의 찬양을 감상하는 시간이 아니다. 자기를 하나님께 바치는 시간이다. 자기를 철저하게 죽여야 한다. 지렁이도 밟으면 꿈틀거린다고 하는데, 지렁이가 꿈틀거리는 이유는 덜 죽었기 때문이다. 확실히 죽어야 한다.

소제

소제는 곡물을 제물로 드린다. 짐승을 제물로 쓰지 않으니 피가 없는 제사이기도 하다. 죄와 상관없이 드리는 제사라는 뜻이다. 히브리어로 '민하'라고 하는데, 자기보다 높은 분께 잘 보이기 위한 선물이라는 뜻이다. 즉 반드시 이행해야 하는 의무 사항이 아니다. 죄가 있으면 제사를 드려야 하는 것이 맞지만 소제는 그렇지 않다. 죄가 없음에도 불구하고 자원해서 드리는 제사다.

호주 시드니의 어느 대학에서 '하나님의 상처'라는 주제로 강연을 한 목회자가 있었다. 팀 켈러가 그의 책 〈고통에 답하다〉에서 그 일화를 소개한다.

한 무슬림 청년이 물었다. "창조주가 피조물에게 굴복하다니 참 어처구니없군요. 그러니까 그 양반은 먹고 자고 볼일 보며 살다가 십자가에서 허망하게 죽었단 말씀인가요?" 그 청년이 계속 말했다. "만물을 지으시고 모든 일을 주관하시는 신이 자신보다 못한 존재에게 휘둘리며 고통을 받는 것이 말이 되나요?"

딱히 대답할 말이 없었다. 그 청년의 말을 제압할 논리도, 위트 넘치는 대꾸도 떠오르지 않았다. 그래서 이렇게 말했다. "우리 기독교 신자들은 당신이 신성모독이라고 하는 비난을 소중하게 간직합니다. 창조주께서 상처를 받으셨다는 사실입니다."

예수님께 이 땅에 오셔야 할 의무가 있었던 것이 아니다. 우리를 구원하셔야 할 책임도 없었다. 그런데도 기꺼이 이 땅에 오셨다. 하나님께서 그것을 기뻐하시기 때문이었다. 즉 소제는 하나님을 향한 충성 서약이다.

허영만 화백의 〈사랑해〉에 철수와 영희 부부가 나온다. 영희가 남편 철수를 채근한다. 덕수궁에 가야 한다며 어서 준비하라는 것이었다. 웬 덕수궁이냐고 물으니 학교 졸업식 날 몇몇 친구와 10년 후에 덕수궁에서 만나기로 약속했다고 했다. 그런데 아무도 안 나왔다. 철수가 영희한테 섭섭하냐고 물으니 아주 조금 섭섭하지만 당신과 데이트를 하니 괜찮다고 했다. 그런 내용과 함께 해설이 나온다. "지키지 않아도 그만인 약속을 지켜보세요. 스스로 강하고 아름다운 사람이 될 겁니다."

지키지 않아도 되는 약속을 지키는 것에도 그런 추억이 만들어진다면 하지 않아도 되는 헌신을 하면 어떻게 될까? 하물며 그 대상이 하나님이라면 거기에서 얻어지는 만족과 기쁨은 우리가 상상할 수 있는 범주가 아닐 것이다.

> 누구든지 소제의 예물을 여호와께 드리려거든 고운 가루로 예물을 삼아 그 위에 기름을 붓고 또 그 위에 유향을 놓아(레 2:1)

소제는 고운 가루로 드린다. 자기 한 몸을 하나님의 나라를 위하여 분골쇄신하겠다고 다짐하는 제사다. 대충 갈면 안 된다. 덩어리진 부분이 없도록 댓돌에 갈고 절구에서 빻아서 최대한 고운 가루로 만들어야 한다.

예전에 이스라엘에서 감람유 짜는 틀을 본 적이 있다. 감람 열매는 대추와 비슷한 크기다. 그런데 기름 짜는 틀이 엄청나게 컸다. 가이드가 설명을 했다. 과육만 으깨져도 기름이 나오지만 씨까지 으깨져야 좋은 기름이 나온다는 것이었다. 우리가 바로 그렇다. 거친 부분이 조금이라도 남아 있으면 안 된다.

아브라함 요수아 헤셸의 〈진리를 향한 열정〉에 재미있는 우화가 나온다. 바벨론의 느부갓네살왕이 하나님을 찬양하려고 하는데 갑자기 천사가 그의 얼굴을 때리며 말했다. "너는 왕관을 쓰고 있으면서 찬양하겠다는 것이냐?"

혹시 우리 머리에는 왕관이 없을까? "하나님, 다른 것은 다 내려놓겠습니다. 이것만 이해해 주십시오."라고 하는 것이 있다면 그것이 우리한테는 왕관이다. 하나님께 헌신하려면 자아를 철저하게 죽여야 한다.

> 너희가 여호와께 드리는 모든 소제물에는 누룩을 넣지 말지니
> 너희가 누룩이나 꿀을 여호와께 화제로 드려 사르지 못할지니라(레 2:11)

소제에는 누룩과 꿀을 금한다. 누룩은 성경 여러 곳에서 죄를 상징한다. 부풀리는 성질 때문이다. 하나님을 향한 헌신은 정직해야 한다. 과장하면 안 된다. 또 꿀은 맛을 좋게 꾸민다. 하나님을 향한 헌신에 사탕발림을 하는 것은 곤란하다. 오래전에 어떤 부흥 집회에서 "아무개 장로가 집을 팔아서 헌금했더니 3년 만에 빌딩이 생겼다"라고 하는 말을 들은 적이 있는데 소제에 꿀을 섞은 전형적인 예일 수 있다.

> 모든 소제물에 소금을 치라 네 하나님의 언약의 소금을 네 소
> 제에 빼지 못할지니 네 모든 예물에 소금을 드릴지니라 너는
> 첫 이삭의 소제를 여호와께 드리거든 첫 이삭을 볶아 찧은 것
> 으로 네 소제를 삼되 그 위에 기름을 붓고 그 위에 유향을 더할
> 지니 이는 소제니라(레 2:13-15)

소제로 드리는 예물에는 소금과 기름, 유향을 첨가해야 한다. 소금은 언약의 소금이라는 말 그대로 불변성을 뜻하고 기름은 성령, 유향은 기도를 상징한다. 하나님을 향한 헌신은 변하지 말아야 한다. 성령의 인도하심을 따라야 하고 기도로 힘을 삼아서 감당해야 한다.

속죄제

번제가 원죄 때문에 드리는 제사라면 속죄제는 특정 범죄 때문에 드리는 제사다. 속건제도 특정의 죄 때문에 드리는 제사지만 속건제는 피해 복구가 가능한 경우에 드린다. 예컨대 다윗이 밧세바를 범하고 우리야를 죽게 한 죄는 원상회복 방법이 없다. 그런 경우에 속죄제를 드리는데, 속죄제는 신분에 따라서 제물이 정해져 있다.

제사장이나 이스라엘 회중 전체가 죄를 범하면 수송아지를 드려야 했고, 족장이 죄를 범하면 숫염소, 일반 백성이 죄를 범하면 암염소나

어린 암양을 드렸다. 혹은 산비둘기 둘이나 집비둘기 둘, 고운 가루 1/10 에바를 드릴 수도 있었다. 1/10 에바는 2.2리터에 해당한다.

일반 백성에게 제물을 선택할 수 있게 한 것은 경제적인 여건 때문이다. 하지만 제사장이나 족장은 경제적인 여건 때문이 아니다. 지도급 인사한테 더 중한 책임을 물은 것이다. 목사의 책임이 중하다는 식으로 적용할 수도 있지만 그러면 목사 아닌 사람에게는 유익이 없다. 먼저 믿은 자의 책임이 중하다고 적용해야 한다.

일반 백성의 경우, 경제적인 여건을 고려한다면 그냥 넘어갈 수도 있어야 하지 않을까? 형편에 따라서는 비둘기나 고운 가루 2.2리터도 힘에 겨울 수 있다. 그런 경우에도 꼭 제물을 드려야 할까? 하나님은 어차피 중심을 보시는 분인데 제물이 없다고 해서 굳이 문제 삼으실까?

그런 얘기가 아니다. 피 흘림이 없은즉 사함이 없다고 했다. 세상에서는 피를 흘린다는 얘기가 처절함을 뜻하지만 성경에서는 죽는다는 뜻이다. 죄의 삯은 사망이다. 그래서 집비둘기조차도 힘에 버거우면 산비둘기를 잡아서 그것으로 제물을 삼았다. 죄를 지었으면 반드시 죗값을 치러야 한다. 죄는 절대 흐지부지 없어지지 않는다.

이런 속죄제를 일반 백성이 드릴 경우에는 제사장이 고기를 먹었다. 그의 잘못에 책임을 공감한다는 뜻인 동시에 앞으로 그 죄를 감당하겠다는 뜻이다. 그런데 제사장이나 회중 전체가 죄를 범한 경우에는 제물을 먹을 수 없었다. 제물은 불에 태우고 나머지는 진 바깥에 버려야 했다. 그 죄는 누구와도 나눌 수 없다는 뜻이다. 회중 전체가 죄를 범했으니 누가 그 죄를 담당한단 말인가? 제사장이 죄를 범해도 마찬가지다. 제사장은 남의 죄를 담당하는 일을 맡은 사람인데, 그런 사람의 죄를 담당할 수 있는 사람은 없다.

남의 죄를 담당하는 일은 아무나 할 수 있는 일이 아니다. 죄가 없는 사람이라야 가능하다. 이런 점에서 주님은 진정 세상 죄를 지고 가는 하나님의 어린양이다.

속건제

속죄제가 돌이킬 여지가 없는 죄를 범했을 때 드리는 제사인 반면, 속건제는 돌이킬 여지가 있는 죄를 범했을 때 드리는 제사이다. 즉 보상과 사죄를 위한 제사로 ① 원금에 20%를 가산하여 변상하고 ② 제물은 숫양에 국한하며 ③ 회중 제사가 아닌 개인 제사였다.

어떤 사람이 이웃한테 100만 원의 손해를 입혔다고 하자. 그러면 속건제를 드려야 한다. 이웃과의 문제가 이웃과의 문제로 끝나는 것이 아니라 하나님 앞에서도 문제이기 때문이다. 그렇다고 해서 제사만 드리면 되는 것이 아니다. 손해를 입힌 이웃한테 120만 원을 갚아야 한다. 자기가 입힌 피해를 자기가 변상하는 것이다.

수년 전의 영화〈밀양〉은 이런 점에서 틀렸다. 남편을 먼저 떠나보낸 신애가 아들 준기를 유괴범에게 잃는다. 그런 슬픔 속에 교회에 다니게 되고, 유괴범을 용서할 마음을 먹는다. 그런데 유괴범을 면회 갔다가 황당한 말을 듣는다. 유괴범이 자기 죄를 하나님께 다 용서받았다면서 평안하게 지낸다는 것이었다. 신애가 충격을 받는다. 자기가 피해 당사자인데 하나님이 마음대로 용서하는 경우가 어디 있단 말인가?

그런 식의 용서는 없다. 그 유괴범이 정말로 용서를 구하려면 하나님께 회개하는 것만으로는 부족하다. 신애한테 용서를 구해야 한다. 그 영화에서는 기독교를 온갖 나쁜 죄를 다 저질러도 하나님께 용서를 구하면 다 해결되는 종교로 묘사했다.

〈밀양〉은 이청준의 〈벌레 이야기〉를 원작으로 해서 이창동 감독이 만든 영화다. 그들이 어떻게 해서 기독교를 그런 싸구려 종교로 오해하게 되었을까? 그들한테 그런 식의 기독교를 보여준 사람이 누구일까?

화목제

화목제는 '나눔'이 특징이다. 번제는 제물을 다 태우고 소제, 속죄제, 속건제는 하나님께 바친 나머지 부분을 제사장에게 돌렸다. 반면 화목제는 기름은 불태우고 제사장 몫으로 정해진 부분은 제사장에게 돌린 다음 나머지는 이웃과 함께 나누어 먹었다. 자기와 하나님 사이에 있는 일을 이웃과 나누는 것이다. 감사한 일이 있을 때나

서원을 할 때 화목제를 드렸다.

특히 감사한 일이 있어서 화목제를 드릴 때는 누룩 넣은 떡을 드릴 수 있었다. 소제와 화목제는 다르다. 하나님을 향한 헌신은 부풀리면 안 되지만 감사는 부풀릴 필요가 있기 때문이다.

화목제 제물을 나누어 먹을 때 부정한 사람은 제외되었다. 성별된 사람만 참여할 수 있었다. 하나님이 누구인지 아랑곳하지 않은 채 거기에서 떨어지는 부스러기에만 관심을 갖는 것은 당연히 금해야 한다.

그렇다고 해서 아무 때나 화목제 제물을 나눠 먹을 수 있는 것이 아니었다. 감사한 일이 있어서 화목제를 드렸을 때는 그날, 서원이나 자원해서 화목제를 드렸을 때는 그다음 날까지 나눠 먹을 수 있었다. 그 기한이 지나면 전부 불살라야 했다.

누군가 소를 제물로 드렸다고 하자. 고기가 500근은 나온다. 그것을 하루나 이틀 사이에 소진하려면 부지런히 나눠야 한다. 친분을 따질 겨를이 없다. 요컨대 화목제는 나눔에 초점이 있다. 좋은 일이 있으면 감사헌금만 하지 말고 떡도 돌릴 줄 알아야 한다고 하던 비유가 유치할까? 그렇지 않을 수 있다. 공장을 운영하는 사람이 직장예배를 드리면서 목사한테는 거마비라며 두툼한 봉투를 건네는데 종업원 복지는 형편없을 수 있다. 심지어 외국인 노동자를 고용하는 경우, 불법 체류를 미끼로 임금을 착취하는 사례도 있다. 그러면서 감사헌금을 한들 하나님이 받으실지 의문이다.

우리의 예배

우리가 드리는 예배에는 번제, 소제, 속죄제, 속건제, 화목제의 요소가 다 포함된다. 예배를 드릴 때마다 자기가 죄인이라는 자각이 있어야 하고, 하나님을 향한 헌신을 다짐해야 하고, 죄에 대해서 민감해야 하며, 이웃에 관심이 있어야 한다.

하나님께서 구약시대에는 이런 5대 제사를 받으셨다. 그런데 지금은 짐승을 제물로 받지 않으시고 우리를 제물로 요구하신다.

> 그러므로 형제들아 내가 하나님의 모든 자비하심으로 너희를 권하노니 너희 몸을 하나님이 기뻐하시는 거룩한 산 제물로 드리라 이는 너희가 드릴 영적 예배니라(롬 12:1)

우리가 구약시대에 태어났으면 하나님께 흠 없는 제물을 드리는 것이 우리 책임이었을 수 있다. 그런데 이제는 우리한테 흠이 없어야 한다.

우리한테 흠이 없으려면 어떻게 해야 할까?

> 너희는 이 세대를 본받지 말고 오직 마음을 새롭게 함으로 변화를 받아 하나님의 선하시고 기뻐하시고 온전하신 뜻이 무엇인지 분별하도록 하라(롬 12:2)

우리 자신을 하나님께 산 제물로 드리려면 이 세상 풍조를 본받지 말고 하나님의 뜻을 분별해야 한다. 세상 때가 덕지덕지 묻은 몸을 하나님께 드릴 수는 없다. 우리는 세상 풍조대로 사는 사람이 아니라 하나님 뜻에 맞게 사는 사람들이다. 교회당에 모여서 일주일에 한 번 예배를 드리는 것이 전부가 아니라 삶 자체가 하나님의 뜻에 부합해야 한다.

토미 테니 목사가 쓴 〈균형의 영성〉에 '연결된 방'과 '인접된 방'의 차이가 나온다. 토미 테니 목사는 집을 비우는 날이 많기 때문에 사역을 나갈 때면 가족과 함께 간다고 한다. 호텔에 투숙할 때는 '연결된 방'을 구한다. 그래야 딸들이 자기들 방을 쓰는 동시에 토미 테니 목사도 아내와 함께 따로 방을 쓸 수 있기 때문이다.

한 번은 호텔 측 실수로 '인접된 방'에 투숙하게 되었다. '연결된 방'은 두 방을 자유롭게 오갈 수 있지만 '인접된 방'은 두 방 사이를 연결하는 문이 없다. 딸들과 아무리 가까운 공간에 있어도 떨어져서 지내야 한다.

혹시 예배에도 이런 문제가 있지 않을까? 나름대로 하나님을 찾는다고 하지만 하나님을 만날 수 없는 경우가 있을 수 있다. 예배처럼 보이지만 예배가 아니면 그렇게 된다.

> 세월이 지난 후에 가인은 땅의 소산으로 제물을 삼아 여호와께 드렸고 아벨은 자기도 양의 첫 새끼와 그 기름으로 드렸더니

> 여호와께서 아벨과 그의 제물은 받으셨으나 가인과 그의 제물
> 은 받지 아니하신지라 (창 4:3-5a)

하나님께서 아벨과 그의 제물은 받으셨으나 가인과 그의 제물은 받지 않으셨다. 하나님께서 받으신 것은 '아벨과 그의 제물'이었고 하나님께서 받지 않으신 것은 '가인과 그의 제물'이었다.

아벨은 양의 첫 새끼와 그 기름을 드렸다. 첫 것은 여호와의 몫이다. 또 기름은 좋은 것을 뜻한다. 반면 가인은 땅의 소산을 드렸다. 아벨이 자기한테 있는 것 중에서 가장 좋은 것을 골라서 드렸다면 가인은 아무 거나 집어서 드렸다. 하다못해 소개팅을 나가도 입고 나갈 옷을 전날부터 고민하고, 나가기 전에는 거울 한 번이라도 더 보는 법이다. 평소 집에서 입던 옷차림으로 나가면 보나마나 차일 것이다.

> 아론의 아들 나답과 아비후가 각기 향로를 가져다가 여호와께
> 서 명령하시지 아니하신 다른 불을 담아 여호와 앞에 분향하였
> 더니 불이 여호와 앞에서 나와 그들을 삼키매 그들이 여호와
> 앞에서 죽은지라 (레 10:1-2)

성막 문을 통해서 안으로 들어가면 가장 먼저 눈에 띄는 것이 번제단이다. 번제단에서 제사가 드려진다. 본래 사람이 죽어야 하는

데 제물이 대신 죽어서 불타는 것이다. 우리를 위해 십자가에 달리신 예수님의 대속 사역을 보여준다.

또 성소에는 분향단이 있다. 향을 사르는 곳이다. 향은 성도의 기도를 말한다(계 5:8). 분향단의 향은 번제단 불을 이용해야 한다. 우리가 하는 기도가 그리스도의 대속 사역에 근거한다는 뜻이다. 그런데 나답과 아비후는 그리스도의 대속 사역 없이 하나님께 나아가려고 했다. 당연히 죽어야 한다.

우리가 하나님을 예배할 수 있는 근거가 그리스도의 십자가에 있다. 우리는 우리의 의로 하나님께 나아가는 것이 아니라 그리스도의 의로 하나님께 나아간다. 하나님을 예배할수록 그리스도가 나타나야 한다.

> 사무엘이 이르되 왕이 행하신 것이 무엇이냐 하니 사울이 이르되 백성은 내게서 흩어지고 당신은 정한 날 안에 오지 아니하고 블레셋 사람은 믹마스에 모였음을 내가 보았으므로 이에 내가 이르기를 블레셋 사람들이 나를 치러 길갈로 내려오겠거늘 내가 여호와께 은혜를 간구하지 못하였다 하고 부득이하여 번제를 드렸나이다 하니라(삼상 13:11-12)

블레셋이 이스라엘을 침공했다. 사울이 급히 군사를 모았지만 사기가 말이 아니었다. 그런데 사무엘은 약속한 날이 다 지나도록 나

예배

타나지 않았다. 사울이 더 기다리지 못하고 스스로 번제를 드렸는데 번제를 마치자마자 사무엘이 와서 책망했다.

사울이 제사장도 아니면서 함부로 제사를 드렸기 때문이 아니다. 사울은 신앙을 자기 필요에 갖다 붙인 사람이다. 하나님의 백성 된 모습을 회복하기 위해서 제사를 드린 것이 아니라 백성들의 임전 태세를 가다듬기 위해서 제사를 이용했다.

신앙은 언제든지 우리가 지향하는 최고 가치여야 한다. 다른 것을 얻기 위해서 신앙 행위를 동원한다면 그것으로 이미 불신앙이다. 신앙은 우리 삶의 원칙이고 목적이지, 어떤 일을 이루기 위한 수단이나 방법이 아니다.

> 사무엘이 이르되 여호와께서 번제와 다른 제사를 그의 목소리를 청종하는 것을 좋아하심 같이 좋아하시겠나이까 순종이 제사보다 낫고 듣는 것이 숫양의 기름보다 나으니(삼상 15:22)

하나님께서 아말렉에 속한 것은 남김없이 진멸하라고 하셨다. 그런데 사울이 소와 양 중에서 좋은 것은 남기고 가치 없고 하찮은 것만 죽였다. 사무엘이 질책하자, 하나님께 제사 지낼 용도로 좋은 것은 남겨 두었다고 했다. 우리 중에 사울의 말을 믿는 사람은 없을 것이다. 그런데 사무엘은 거짓말하지 말라고 추궁한 것이 아니라 순종이 제사보다 낫다고 했다. 설령 사울의 말이 사실이라고 해도 그것이 면죄부가 되지는 않는다.

애초에 아담이 하나님께 순종했으면 제사 제도가 생기지 않았을 테니 순종이 제사보다 나을 것은 자명하다. 그것만이 아니다. 사람에게는 순종해야 할 책임을 제사로 때우려는 경향이 있다. 차라리 제사를 드릴지언정 욕심은 포기하기 싫은 것이다. 종교 행위를 동원해서라도 관철하고 싶은 자기 욕심을 어떻게 할까? 다곤상도 언약궤 앞에 엎드렸는데 우리 욕심은 도무지 엎드릴 줄 모른다.

점쟁이를 찾아가는 사람을 상상해 보자. 점쟁이가 써 준 부적을 대하는 자세는 우리가 하나님 말씀을 대하는 자세보다 훨씬 공손하다. 복채로 내는 액수는 우리가 하는 헌금에 비할 바가 아니다. 하지만 그들의 행위를 예배라고 하지는 않는다. 단지 미신을 좇는 것뿐이다. 관심이 자기한테 있기 때문이다.

하나님을 섬기는 것은 그렇지 않다. 우리는 하나님을 높이는 것에 마음이 있다. 하나님은 본래 우리를 예배자로 만드셨다. 우리가 하나님을 예배할 수 없는 처지에 놓이자, 그 아들을 죽이시면서까지 우리를 하나님을 예배할 수 있는 자리로 부르셨다. 그래서 우리가 하나님을 예배한다. 일주일에 한 번 예배당에 나와서 앉아 있으면 된다는 말이 아니다. 하나님을 '아보다'한다. 우리가 정말로 하나님을 예배한다면 하나님을 예배하기 전에는 하나님을 예배할 사람다워야 하고, 하나님을 예배한 다음에는 하나님을 예배한 사람다워야 한다.

예배

묵상을 위한 질문

1. 구약시대에 흠 없는 제물을 요구하셨던 하나님이 지금은 우리를 산 제물로 요구하신다. 우리에게 흠이 없어야 한다. 성경은 우리에게 있는 흠을 세상 풍조를 따르려는 마음으로 얘기하는데, 우리한테 그런 것이 있다면 어떤 것일까?

2. 사울은 예배를 수단으로 여기는 잘못을 범했다. 예배를 통해서 얻으려는 것이 있었다. 우리한테는 신앙이 늘 목적이고 원칙일까?

3. 순종이 제사보다 낫다. 우리에게는 순종해야 할 책임을 제사로 대신하려는 경향이 있다. 그랬던 경험이 있으면 얘기해 보자.

믿음

믿음이란 무엇인가?

우리가 예수를 믿으면 구원 얻는다고 하는 것처럼 불교에서는 성불하기 위해서 수행 정진에 힘쓰고 힌두교에서는 고행을 한다. 종교가 없는 사람은 착하게 살면 천당 간다고 말하기도 한다. 구원을 얻으려면 그에 상응하는 자격이 있어야 한다는 것이 사람들의 보편적인 생각이다. 구원을 일종의 인과율로 여기는 것이다.

우리는 그런 구원을 말하지 않는다. 그래서 믿음으로 구원 얻는다고 한다. 예수에 대한 마음 상태를 조건으로 구원 얻는다는 뜻이 아니다. 구원을 위해서 우리가 제시해야 하는 조건은 아무것도 없다는 뜻이다. 구원이 인과율에 따른 결과가 아니라는 사실을 말하는 데 가장 적합한 단어가 믿음이다.

"이 물건을 저기까지 옮기면 10만 원 주마", "앉았다 일어나면 10만 원 주마", "눈을 한 번 깜박거리면 10만 원 주마"라는 말이 죄다 10

만 원을 줄 테니 근거를 제시하라는 뜻이다. 이처럼 그 근거를 자기가 제시하는 것을 가리켜서 '행위'라고 한다.

"내가 너에게 10만 원을 주는 상상을 하면 10만 원을 주마"는 어떨까? 이것 역시 행위에 해당한다. "내가 너에게 10만 원 줄 걸 믿으면 10만 원 주마"라고 해도 마찬가지다. "10만 원을 받기 위해서 네가 할 일은 아무것도 없다. 단지 마음속으로 믿기만 해라."라고 하면, 믿는 것이 10만 원을 받을 수 있는 근거가 된다. 이때의 믿음 역시 성경에서 말하는 행위에 속한다.

믿음으로 구원 얻는다는 말은 아무런 조건 없이 구원 얻는다는 뜻이다. 그래서 믿음을 하나님의 선물이라고 한다.[1] 구원이 하나님의 은혜로 말미암는다고도 한다. 믿음과 은혜가 같은 뜻으로 쓰이는 셈이다.

이런 말을 하면 당장 의문이 떠오른다. "그러면 구원 얻지 못한 사람은 하나님이 은혜를 주시지 않은 때문인데, 그런 사람을 벌하는 것은 모순 아니냐?"라고 하면 뭐라고 해야 할까?

"A이면 B이다"라는 명제가 있을 때 "B이면 A이다"라는 명제를 역이라고 한다. "A가 아니면 B가 아니다"라는 명제를 이라고 하고, "B가 아니면 A가 아니다"라는 명제를 대우라고 한다. 어떤 명제가 참이면 대우는 참이지만 역이나 이는 참이라고 할 수 없다는 사실을

---

[1] 너희는 그 은혜에 의하여 믿음으로 말미암아 구원을 받았으니 이것은 너희에게서 난 것이 아니요 하나님의 선물이라(엡 2:8)

중학교 수학 시간에 배웠다.

"고등어는 생선이다"라는 명제가 참이니까 "생선이 아니면 고등어가 아니다"라는 대우명제도 참이다. 하지만 "생선이면 고등어다"라는 역명제나 "고등어가 아니면 생선이 아니다"라는 이명제는 참이 아니다.

"구원을 얻은 것은 하나님의 은혜다"라는 말도 그렇다. "하나님의 은혜가 아니면 구원을 얻지 못한다"는 참이다. 하지만 "구원을 얻지 못한 것은 하나님이 은혜를 주시지 않은 때문이다"라는 말은 성립하지 않는다. 그런데 구원이 하나님께 달려 있다고 하면 더뜸 "그렇다면 구원 얻지 못한 사람은 하나님 때문 아니냐?"라고 한다. 논리 자체가 죄에 오염되어 있어서 그렇다.

또 있다. 구원은 행위가 아닌 은혜로 얻는다는 말을 하면 "그럼 엉망으로 살아도 구원 얻는다는 말이냐?"라고 묻는 사람도 있다. 그런 것이 왜 궁금할까?

어떤 사람이 충치로 고생하다가 무료 진료소에서 치료를 받았다. 자기한테 아무것도 묻지 않고 치료해줬다. 그러면 앞으로 치아 건강에 신경 쓰는 것이 자기에게 유익일까, 충치가 다시 생기게 해서 또 공짜로 치료받는 것이 자기에게 유익일까? 그런데 구원 문제에서는 죄다 엉뚱한 생각을 한다. 구원은 은혜로 얻는다는 말만 나오면 죄지을 궁리를 한다. 우리의 생각이 그만큼 하나님과 반대쪽이다.

은혜의 핵심이 성육신이다. 그러면 은혜는 주님께서 오신 이유와

믿음

연결되어야 한다. 은혜를 받았으면 그만큼 구원을 이루어야 한다. 신앙 성장으로 연결되지 않는 은혜는 무효다. 죄를 지어도 벌을 안 받는 것이 은혜가 아니라 말씀대로 사는 것이 은혜다.

각설하고, 그런 질문만 있는 것이 아니다. 우리나라에 기독교가 전래되기 전에 살던 사람은 어떻게 되었느냐는 질문도 있다. "이순신 장군도 지옥에 가고 세종대왕도 지옥에 갔다는 말이냐?"라고 하면 뭐라고 해야 할까?

그런 질문이 가능한 이유는 믿음을 정보에 대한 선택 문제로 오해한 때문이다. 예수가 먼저 제시되어야 믿든지 말든지 할 텐데 그런 기회도 안 주면 어떻게 하느냐는 것이다.

그러면 구약시대 사람들은 어떻게 되었을까? 에녹이나 노아, 아브라함, 모세, 다윗이 구원 얻지 못했다고 생각할 수는 없다. 그들이 예수를 어떻게 믿었을까?

또 있다. 어떤 아이가 생후 사흘 만에 죽으면 어떻게 될까? 부모가 예수 믿으면 구원 얻고, 부모가 안 믿으면 구원 못 얻을까? 그럼 그 아이가 죽을 당시에는 부모가 불신 상태였는데 뒤늦게 신앙을 가지면 어떻게 될까?

구원에 대해서 우리는 아는 것이 없다. 단지 하나님의 은혜로 구원 얻는 것이고, 우리에게는 그것이 예수가 믿어지는 것으로 나타난다. 다른 사람은 천국에 가서 확인하면 된다.

지난 1995년에 이집트, 요르단, 이스라엘을 다녀왔다. 여행을 다

녀온 직후에 그곳 음식에 대한 질문을 몇 번 받았는데 답하기가 참 어려웠다. 우리나라에 없는 맛이니 그것을 설명할 단어도 없기 때문이었다. 사람과 사람이 사는 세상에서도 그렇다.

구원은 하나님께서 하시는 일이다. 이 세상에 속한 언어로 명쾌하게 설명하는 것이 가능할까? 예수를 믿으면 구원 얻는다는 말을 생각해 보자. 이 말이 액면 그대로 사실이면 예수를 믿는 사건이 구원을 얻는 사건보다 시간적으로 앞서게 된다. 어떤 사람이 예수를 믿을까, 말까 고민하다가 믿기로 작정하면 그 순간에 구원이 주어진다는 식이다.

예수님이 나사로 무덤 앞에서 "나사로야 나오라" 하고 말씀하시자, 나사로가 살아 나왔다. 나사로가 "예수님이 부르는구나. 힘들어도 일어나자. 일어나서 밖에까지만 나가면 살아날 수 있다."라는 생각으로 기를 쓰고 나와서 살아난 것이 아니다. 예수님 음성이 나사로를 살린 것이다.

그런데도 "이순신 장군은 어떻게 되었느냐?", "세종대왕도 지옥 갔느냐?"라는 말은 마치 나사로가 예수님 음성을 듣고 무덤 밖까지 나와서 살아났다고 하는 격이다.

믿음 - 하나님의 선물

구원이 믿음으로 말미암는데 그 믿음이 하나님의 선물이면 선물을 못 받은 사람만 억울하지 않을까? 그런데 성경이 그렇게 말한다.

> 십자가의 도가 멸망하는 자들에게는 미련한 것이요 구원을 받
> 는 우리에게는 하나님의 능력이라(고전 1:18)

십자가의 도가 멸망하는 자들에게는 미련한 것이면 구원을 받는 우리에게는 우리의 지혜여야 한다. 십자가의 도가 우리에게 하나님의 능력이면 멸망하는 자들에게는 하나님이 그런 능력을 행사하지 않으신 때문이다. 그런데 멸망하는 자들은 그들이 미련한 탓이라고 하면서 구원을 받는 우리에게는 하나님의 능력이라고 한다.

맥스 루케이도 목사가 그의 책 〈하나님의 음성 우리의 선택〉에서 이렇게 설명한다. 법정이 열린다. 재판관은 하나님이고, 변호사는 요한, 고아는 우리, 후견인을 자처하는 사람은 예수님이다. 변호사가 성경에 나오는 사건들을 열거하면서 후견인이 고아를 돌보기에 충분한 능력이 있음을 설명한다. 갈릴리 가나의 혼인 잔치에 있었던 사람들, 베데스다에서 고침받은 38년 된 병자, 오병이어 기적을 체험한 사람들, 날 때부터 맹인이었다가 실로암에 가서 씻고 눈을 뜬 사람, 죽은 지 나흘 만에 살아난 나사로 등이 열심히 예수님을 증언한다. 재판장이 판결을 내린다. "내가 허락한다. 단, 저 고아가 그것을 요구할 때!"

이런 내용을 성경에서 찾아보자.

> 어린양의 혼인 기약이 이르렀고 그의 아내가 자신을 준비하였
> 으므로 그에게 빛나고 깨끗한 세마포 옷을 입도록 허락하셨으
> 니 이 세마포 옷은 성도들의 옳은 행실이로다 하더라(계 19:7b-8)

어린양의 혼인 잔치에 참여하려면 세마포 옷을 입어야 한다. 세마포 옷은 자기 마음대로 입을 수 있는 옷이 아니다. 하나님이 허락하셔야 한다. 즉 하나님의 주권에 달린 문제다. 그런 세마포 옷은 아무한테나 허락되지 않는다. 자신을 준비한 사람한테만 허락된다. 세마포를 허락받은 것은 은혜이지만 허락받지 못한 것은 자기 책임이다.

> 내가 생명수 샘물을 목마른 자에게 값없이 주리니 이기는 자는
> 이것들을 상속으로 받으리라(계 21:5b-7a)

상속에는 조건이 필요 없다. 혈육이면 된다. 그런데 생명수 샘물은 그렇지 않다. 이기는 자한테 주어지지만 자기 능력이 아니라 상속한 것이다. 상속한 것이라고 해서 저절로 주어지는 것이 아니라 이기는 자한테 주어진다. 믿음으로 구원 얻었는데 그것을 은혜라고 하는 것과 같다. 우리가 믿었다고 해서 우리의 결단이 아니다. 하나님의 은혜라고 해서 저절로 주어지는 것도 아니다.

더 좋은 믿음

믿음 유무에 따라 신자, 불신자가 갈린다. 그런데 성경은 신자를 대상으로도 믿음을 요구한다. 믿음이 있는지 없는지가 전부가 아니라 어느 만큼 있는지도 따져야 한다. 예수를 믿기만 하면 되는 것이 아니라 더 잘 믿어야 한다. 더 잘 믿는 것이 어떤 것일까?

출애굽한 이스라엘이 가데스바네아에 이르렀다. 거기서 열두 명의 정탐꾼을 보낸다. 그런데 정탐꾼의 얘기가 서로 달랐다. 여호수아와 갈렙은 그 땅 백성을 두려워하지 말고 그 땅으로 들어가자고 한 반면 다른 열 명은 그 땅 거주민은 강하고 성읍은 견고하고 심히 클 뿐 아니라 거기서 아낙 자손을 보았다고 하면서 차라리 애굽으로 돌아가자고 했다. 이런 사실을 놓고 여호수아와 갈렙은 믿음이 있었고 다른 열 명은 믿음이 없었다고 한다.

교인들의 신앙 수준에는 차이가 있을 수밖에 없다. 신앙생활을 한 배경이 다르기 때문이다. 이제 막 등록한 새 신자와 칠십 평생을 교회에서 보낸 사람의 신앙이 같을 수는 없다.

당시 이스라엘은 그렇지 않았다. 애굽에 열 가지 재앙이 내리는 것도 똑같이 목도했고, 홍해도 똑같이 건넜다. 만나를 먹은 것도 똑같고, 반석에서 나온 물을 마신 것도 똑같다. 하나님의 손길을 동일하게 체험했다. 그런데도 가나안 땅을 정탐하고서는 서로 다르게 반응했으니 그것이 누구 책임일까?

복음서에 믿음이 좋다고 칭찬을 들은 두 사람이 나온다. 귀신 들린 딸을 둔 수로보니게 여인과 가버나움 백부장이다.

수로보니게 여인과 예수님의 대화가 이렇게 진행된다.

"주 다윗의 자손이여 내 딸이 흉악하게 귀신 들렸나이다."

"자녀의 떡을 취하여 개들에게 던짐이 마땅하지 아니하니라."

"주여 옳소이다마는 개들도 제 주인의 상에서 떨어지는 부스러기를 먹나이다."

"여자여 네 믿음이 크도다 네 소원대로 되리라."

당시 유대인들에게는 메시야 대망 사상이 있었다. 언젠가 다윗의 자손 가운데 메시야가 와서 자기들을 구해준다는 것이다. 즉 다윗의 자손이 메시야의 별명이었다.

수로보니게 여인은 유대인도 아니면서 예수님을 다윗의 자손이라고 불렀다. 그래서 예수님이 자녀의 떡을 취하여 개들에게 던짐이 마땅하지 않다고 하셨다. 예수님이 다윗의 자손이면 이방인인 수로보니게 여인은 아두런 분깃도 없기 때문이다. 수로보니게 여인이 기꺼이 그 사실을 인정했다.

예수님과 수로보니게 여자의 대화는 이런 내용이다.

"제 딸이 귀신 들렸습니다. 고쳐주십시오."

"네가 무슨 자격으로 그걸 구하는 것이냐?"

"자격은 없습니다. 하지만 주님은 자격을 따지는 분이 아니지 않습니까?"

믿음

"맞다. 바로 그것이 내가 세상에 온 이유다."

수로보니게 여인은 예수님이 어떤 분인지 바로 알았다. 그래서 믿음이 크다는 칭찬을 들었다.

가버나움 백부장도 마찬가지다. 백부장이 예수님을 찾아와서 말한다. 종이 병들었다는 것이다. 예수님이 가서 고쳐주시겠다고 하자, 다시 말한다. 자기도 남의 수하에 있는 사람이고 자기 아래도 군사가 있다고 하면서 굳이 오실 것 없이 말씀으로만 해도 종이 낫겠다는 것이다.

백부장이면 백 명으로 조직된 단위 부대의 우두머리다. 그 백 명은 자기 말에 따라 움직인다. 자기 역시 상급자의 말에 복종한다. 그러면 질병도 마찬가지다. 당연히 예수님 말씀에 복종할 것이다. 군인이 위계질서에 따라 움직이는 것처럼 이 세상 만물은 예수님 말씀을 거역할 수 없다.

수로보니게 여인이 예수님이 어떤 분인지 바로 알았던 것처럼 가버나움 백부장 역시 그렇다. 결국 예수님이 어떤 분인지 알아서 거기에 맞게 행하는 사람이 믿음 좋은 사람이다.

그런데 이상한 폐단이 있다. 부교역자 시절, 권사님 가정에 심방을 간 적이 있다. 마침 그 집 아들이 막 들어오는 참이었다. 나중에 알았는데 운전면허 시험을 보고 온 것이었다. 권사님이 물었다.

"어떻게 됐어?"

"떨어졌어요."

"너, 기도 안 했지?"

"했어요."

"뭐라고 했어?"

"꼭 합격하게 해달라고 했죠."

"그거 봐, 그러니까 안 됐지. '합격시켜주실 줄 믿습니다'라고 했어야지."

대체 그런 법이 어디 있을까? 믿음이 하나님을 움직이는 원격조정기라도 되는 것일까? 차라리 로또복권 1등 당첨될 줄로 믿는 것이 더 좋지 않을까?

벼랑에서 구른 사람이 있다고 하자. 마침 팔을 뻗으면 잡을 수 있는 위치에 나뭇가지가 있다. 그 나뭇가지를 잡으면 올라갈 수 있을 것 같은데 그 나뭇가지가 자기 체중을 지탱할 수 있을지 의문이다. 이런 경우, 나뭇가지에 대한 그 사람의 믿음은 아무 소용이 없다. 그 나뭇가지가 얼마나 든든한지가 관건이다. 믿음이 정말 믿음이려면 객관적인 사실에 근거해야 한다. 주관적인 요망 사항이 믿음일 수는 없다.

교인에게서 전화가 왔다. 행정고시를 준비하는 분이었다. 1차 시험을 보고 왔다면서 말했다. "이번에는 정말 자신 있었는데 영어가 살짝 불안합니다. 그래도 제가 합격할 줄로 간절히 믿으면 하나님이 제 믿음을 보시고 합격시켜주실까요?'

간절히 믿는 것이 어떻게 믿는 것일까? 믿음이 있으면 간절하지 않아도 되는 것 아닐까? 아무래도 없는 믿음을 짜내느라고 동원된 수식어 같다.

맹인 두 명이 예수님을 따라오며 "다윗의 자손이여 우리를 불쌍히 여기소서"라고 하는 내용이 마태복음에 나온다. 예수님이 그들에게 "내가 능히 이 일 할 줄을 믿느냐?"라고 하시자, 그렇다고 대답했고 그때 예수님이 "너희 믿음대로 되라"라고 하셨다.

성경에서 이런 내용을 읽으면 역시 믿음이 중요하다는 생각을 할 수 있다. 그런데 그런 뜻이 아니다. 두 맹인이 예수님을 다윗의 자손이라고 불렀다. 다윗의 자손은 메시야의 별명이다. 일찍이 이사야 선지자가 메시야가 오면 맹인이 눈을 뜨고 못 듣는 사람이 듣게 되고 저는 자는 뛰게 된다고 했다. "다윗의 자손이여 우리를 불쌍히 여기소서"라는 얘기는 "당신은 메시야입니다. 우리 같은 사람을 고쳐주러 오신 분 아닙니까?"라는 뜻이다. 그래서 예수님이 믿음대로 되라고 하셨다. 암이든 당뇨든 무조건 믿음만 있으면 낫는 것이 아니다.

시각장애인만 자기를 고쳐달라고 기도할 수 있고 다른 병은 기도해도 소용없다는 뜻이 아니다. 예수님은 우리를 구원하러 오신 분이지, 병을 고치러 오신 분이 아니라는 뜻이다. 예수님이 맹인의 눈을 뜨게 한 것처럼 영적인 맹인인 우리의 눈을 뜨게 할 것이다.

믿음은 바라는 것들의 실상이라는 말은 어떨까? 바라는 일이 있을 때 그 일이 이루어진 줄 믿으면 실제로 이루어진다는 뜻일까?

히 11:1에 "믿음은 바라는 것들의 실상이요 보이지 않는 것들의 증거니"라고 되어 있다. '바라는 것들의 실상'과 '보이지 않는 것들의 증거'가 둘 다 믿음에 대한 설명이다. 바라는 것이 있을 때 그것이 이루어질 줄 믿으면 실제로 이루어진다는 말이 맞다면, 보이지 않는 것들의 증거는 어떻게 설명해야 할까? 눈에 보이는 것이 없어도 무조건 보이는 것으로 믿으면 증거를 얻을 수 있다는 뜻일까?

그런데 왜 엉뚱한 생각을 하는가 하면 문맥을 무시한 탓이다. 문맥을 무시한 이유는 욕심에 눈이 가린 탓이다. 믿음이 있으면 바라는 것이 이루어진다니 다른 설명이 필요 없다. 문맥은 궁금하지도 않다. 열심히 믿어서 자기가 바라는 것을 얻는 것이 중요하다. 간절히 믿는다는 표현도 그래서 나왔을 것이다.

믿음과 순종

기독교는 자기 소원을 이루는 종교가 아니라 자기 소원을 바꾸는 종교다. 우리한테 믿음이 있다면 그 믿음은 우리를 바꾸는 것이라야지, 하나님을 조정하는 것이면 안 된다. 여자가 웨딩드레스를 입으면 세상이 다르게 보인다던데 믿음이 있는 사람한테도 그런 일이 있을 것이다.

수년 전에 고3인 조카를 한 달 동안 데리고 산 적이 있다. 식구가 늘어나니 달라지는 것이 한둘이 아니었다. 어른을 모시고 사는 것이 아니라 조카를 데리고 사는 데도 그랬다. 하물며 예수님을 영접하면 그다음에 어떻게 될까? 삭개오의 경우를 생각해보자. 삭개오가 예수님을 자기 집으로 영접했다. 그러면 예수님이 삭개오한테 주인일까, 손님일까?

믿음이 있는 사람은 예수님을 주인으로 모시고 사는 법이다. 기독교에서 순종을 중요한 덕목으로 말하는 이유가 여기에 있다. 믿음 유무가 순종 여부로 연결되기 때문이다.

천사가 사가랴한테 아내 엘리사벳이 아들을 낳을 것이라고 하면서 이름을 요한으로 지으라고 했다. 그런데 사가랴가 믿지 않았다. 그 일로 사가랴가 말을 못하게 된다. 나중에 엘리사벳이 아들을 낳았다. 사가랴가 천사의 말대로 이름을 요한으로 지었다. 그러자 혀가 풀려서 말을 할 수 있게 되었다.

천사의 말을 믿지 않아서 말을 못하게 되었는데 천사의 말에 순종하자 말을 할 수 있게 되었다. 불신앙의 보응을 치유한 것이 순종이었다. 믿음과 순종이 같은 뜻인 셈이다.

> 아들을 믿는 자에게는 영생이 있고 아들에게 순종하지 아니하는 자는 영생을 보지 못하고 도리어 하나님의 진노가 그 위에 머물러 있느니라(요 3:36)

아들을 믿는 자에게 영생이 있다고 했으면 아들을 믿지 않는 자에게는 영생이 없다고 해야 할 텐데 순종하지 아니하는 자는 영생을 보지 못한다고 한다. 믿지 않는 자가 곧 순종하지 않는 자라는 뜻이다. 일찍이 본회퍼가 믿는 자만이 순종하고 순종하는 자만이 믿는다고 말한 그대로다. 믿음의 가시적인 형태가 순종이고, 순종의 내적 동기가 믿음이다.

그런데 실제로 나타나는 모습은 그렇지 않다. 예배를 마치고 나가는 사람들한테 "주님을 믿으십니까?"라고 하면 당연히 그렇다고 할 것이다. 그러면 "주님께 순종하십니까?"라고 물으면 어떤 답이 나올까?

교회 안에서는 예수가 구세주라는 고백이 별 의미가 없다. 믿는 사람끼리 모인 자리에서 그런 것을 왜 따진단 말인가? 교회 안에서 하는 신앙고백이 의미를 가지려면 예수님이 구세주라는 고백 말고 예수님께 순종한다는 고백이어야 한다.

> 그로 말미암아 우리가 은혜와 사도의 직분을 받아 그의 이름을 위하여 모든 이방인 중에서 믿어 순종하게 하나니(롬 1:5)

> 나의 복음과 예수 그리스도를 전파함은 영세 전부터 감추어졌다가 이제는 나타내신 바 되었으며 영원하신 하나님의 명을 따라 선지자들의 글로 말미암아 모든 민족이 믿어 순종하게 하시려고 알게 하신바 그 신비의 계시를 따라 된 것이니 이 복음으로 너희를 능히 견고하게 하실 지혜로우신 하나님께 예수 그리

믿음

스도로 말미암아 영광이 세세무궁하도록 있을지어다 아멘(롬 16:25-27)

바울이 로마서 서두에서 믿음과 순종을 말하더니 말미에서도 믿음과 순종을 말한다. 믿음이 구원으로 연결되지 않고 순종으로 연결된다. 복음의 목적은 예수 믿고 구원 얻는 것이 아니라 예수 믿고 순종하는 것이다.

예수를 믿으면 구원은 자동으로 주어지지만 순종은 자기가 선택할 수 있는 것처럼 착각하는 사람이 간혹 있다. 대부분의 신자는 믿어서 구원 얻고 열심 있는 신자는 순종도 한다는 식이다. 절대 그렇지 않다. 믿음과 순종이 한 세트다. 순종하지 않는 사람은 믿음이 없는 사람이고, 믿음이 없는 사람이라면 하나님과 관계없는 사람이다.

그런데 문제가 있다. 신자이기만 하면 저절로 순종하게 되는 것이 아니기 때문이다.

그때에 너희는 그 가운데서 행하여 이 세상 풍조를 따르고 공중의 권세 잡은 자를 따랐으니 곧 지금 불순종의 아들들 가운데서 역사하는 영이라(엡 2:2)

불순종의 아들들을 다른 말로 바꾸면 불순종의 화신들이 될 것이다. 가장 큰 특징이 불순종인 사람들, 불순종으로 똘똘 뭉쳐진 사람들이다.

불신자의 가장 큰 특징은 불순종일 수밖에 없다. 하나님 없이 살면서 하나님께 순종할 수는 없는 노릇이다. 그러면 신자의 가장 큰 특징은 순종이어야 하는데 과연 그럴까?

불신자는 순종, 불순종의 개념이 없다. 아무 생각 없이 불순종을 고집한다. 순종에 게을러서 불순종을 선택하는 것이 아니라 불순종을 향한 고집이 있다. 신자는 어떨까? 불신자가 불순종에 매달리는 것처럼 신자는 순종에 매달려야 하는데 그렇지 않다. 불신자는 태연하게 불순종을 자행하고, 신자는 찔리면서 불순종을 택한다. 신자와 불신자의 차이가 순종과 불순종으로 나타나야 하는데, 불순종이 대한 아픔 유무로 나타난다. 불신자는 불신자니까 신자답게 살지 않는 반면 신자는 신자인데도 불구하고 신자답게 살지 않는다.

일단 훈련이 되어 있지 않기 때문이다. 훈련은 할 수 없는 것을 하는 것이 아니라 할 수 있는 것을 익숙하게 하는 것이다. 할 수 없는 것은 아무리 훈련해도 안 된다. 그런데 할 수 있는 것도 그것을 할 실력이 없을 때는 할 수 없는 것처럼 보인다.

더 큰 문제도 있다. 순종할 마음이 없는 것이다. 공부가 어려운 이유는 익혀야 할 내용이 어렵기 때문이 아니라 의지가 없기 때문이다. 골머리를 앓아가면서 어려운 내용을 숙지하는 것은 둘째 치고, 하기 싫은 것을 해야 한다는 사실이 문제다.

성경에는 상당히 많은 절기가 나온다. 히브리력으로 1월 14일이

유월절이다. 이스라엘이 애굽에서 구원 얻은 것을 기념하는 절기다. 1월 15일부터 칠 일은 무교절이다. 이때는 누룩 없는 떡을 먹는다. 누룩은 성경 여러 곳에서 죄를 상징한다. 하나님의 은혜로 구원 얻었으면 죄 없는 삶을 살아야 한다는 메시지가 자연스럽게 만들어진다.

유월절과 무교절은 같은 절기처럼 말하기도 한다. 그러면 어느 쪽이 어느 쪽으로 흡수되어야 할까? 흔히 유월절, 맥추절, 수장절을 이스라엘의 3대 절기라고 한다. 무교절보다는 유월절이 더 중요한 날 같다. 그런데 성경은 유월절을 무교절의 첫날이라고 한다(마 26:17, 막 14:12). 유월절에 이어서 무교절이 있는 것이 아니라 무교절이 있게 하기 위해서 먼저 유월절이 있는 것 같다. 우리가 구원 얻었기 때문에 죄 없는 삶을 살아야 하는 것이 아니다. 하나님께서 우리로 하여금 죄 없는 삶을 살게 하기 위해서 우리를 구원하셨다. 죄 없는 삶을 살지 않는 것은 하나님께서 허락하신 구원을 무시하는 처사가 된다.

생활 속의 믿음

우리의 일상에서 순종이 어떻게 나타날까? 일반적인 표현으로 바꾸면 신앙생활을 잘하려면 어떻게 하면 될까? 신앙생활을 잘해야 한다고 하면 사람들은 종교 행위에 집중하는 경향이 있다. 그런데 구약성경에 하나님께서 이스라엘의 소홀한 종교 행위를 책망하는 얘기는 한 번도 안 나온다. 늘 그들의 삶이 문제였다.

아프리카에 파송된 어떤 선교사가 있었다. 도착하자마자 그만 사자를 만났다. 이제 죽는구나 싶은 생각에 그 자리에서 무릎을 꿇고 기도했다. "하나님, 이 종이 아무에게도 복음을 전하지 못한 채 그만 죽게 생겼습니다. 이 종이 여기에 와서 만난 것은 저 사자뿐이니, 저 사자라도 예수 믿게 해주십시오."

그런데 이상했다. 사자가 조용한 것이었다. 살짝 눈을 뜨고 살폈더니 사자가 기도를 하고 있었다. 감격에 겨운 선교사가 "하나님, 감사합니다.' 하고, 벌떡 일어서는데 사자의 기도 소리가 들렸다. "오늘도 일용할 양식을 주시오니 감사합니다."

이런 얘기가 마냥 조크일까? 가치관은 변하지 않고 종교 행위만 몸에 배는 경우가 얼마든지 있다. 사사기에 이스라엘 열한 지파가 베냐민 지파를 상대로 전쟁을 벌이는 내용이 나온다. 이스라엘이 하나님께 누가 선봉에 서느냐고 하자, 유다 지파를 말씀하셨다. 그래서 말씀대로 했는데 이스라엘이 졌다. 이스라엘이 울며 기도했다. 그런데 또 졌다. 이스라엘이 울며 금식하고 번제와 화목제를 드린 다음 다시 기도했고 드디어 이겼다.

진작 금식을 했어야 한다는 얘기가 아니다. 당시 이스라엘은 사십 만이었고 베냐민 지파는 이만 육천칠백이었으니 이스라엘이 이기는 것이 당연했다. 하나님은 누구의 편도 아니다. 이스라엘로 베냐민 지파를 벌하고 베냐민 지파로 이스라엘을 벌했다. 그런데 이스

믿음 177

라엘은 자기들의 소행은 돌아보지 않고 종교 행위만 강화했다. 그냥 기도해서 안 되면 울면서 기도하고, 울면서 기도해도 안 되면 금식하면서 기도했다.

아브라함 요슈아 헤셸이 믿음은 하나님의 꿈을 자기 꿈으로 간직하는 것이라고 했다. 하나님의 꿈은 굉장히 황홀하다. 그 꿈이 이루어지면 이리와 어린양이 함께 살고 표범이 어린 염소와 함께 누울 것이다. 사자가 소처럼 풀을 먹을 것이고 어린아이가 독사 굴에 손을 넣을 것이다. 그런 꿈을 공유한 사람이 어떤 사람일까?

데이비드 플랫이 쓴 〈카운터 컬쳐〉에 나오는 내용을 소개한다. 티베트 불교를 믿는 마을에 사는 노르부와 수니타 부부가 있었다. 복음을 듣고 얼마 지나지 않아서부터 마을 원로의 협박이 잇따랐다. 촌장이 부부에게 으름장을 놓았다. "크리스천이 되었다는 말이 들리면 더 이상 마을 우물에서 물을 긷지 못하게 할 테다." 분명히 심각한 위협이었다. 하지만 부부는 계속 회심을 고민했다. 그런 눈치를 챈 마을 원로들은 협박의 수위를 한층 높였다. "크리스천이 되면 우리 마을에서는 너희를 보호해주지 않을 거야!" 그런 공갈에도 불구하고 노르부와 수니타는 그리스도가 유일한 주님이라는 결론을 내리고 그분의 제자가 되었다. 그리고 2주 뒤, 숨진 채 발견되었다. 공식적으로 발표된 원인은 산사태로 밀려온 바위에 깔렸다고 했다. 돌에 맞아 살해된 것이었지만 진실은 은폐되었다.

안타까운 일이기는 해도 크게 마음에 와 닿지 않을 수 있다. 우리가 직면한 현실이 아니기 때문이다. 잠깐 마음이 숙연해지면 그만이다.

그러면 이런 경우는 어떨까? 비두니아의 총독 폴리니우스가 로마 황제 트라야누스한테 보낸 보고서가 지금도 전해진다. 거기에 폴리니우스가 기독교인들을 어떻게 식별하고 어떻게 처리했는지가 나온다.

기독교인을 식별하는 방법은 간단하다. 직접 물어보면 된다. 그냥 묻는 게 아니다. 기독교인이면 벌을 받는다고 얘기하고 묻는다. 그런데도 굳이 기독교인이라고 하는 고집불통이 있다고 했다. 그러면서 이렇게 말한다. '그들이 어떤 잘못을 했는지가 문제가 아닙니다. 그런 고집 때문에라도 처벌해야 하지 않겠습니까?'

폴리니우스는 도저히 이해가 안 되었다. 기독교인이라고 하면 벌을 받는데도 굳이 기독교인이라고 하는 이유가 무엇일까? 그런 독종이라면 당연히 처벌해야 한다.

그때 그들의 믿음과 지금 우리의 믿음이 같은 믿음일까? 이런 차이가 왜 있을까? 오죽하면 달라스 윌라드 목사는 '뱀파이어 크리스천'이라는 자극적인 표현까지 했다. 구원을 위해서 그리스도의 피가 필요할 뿐, 그리스도의 뜻에 순종하는 삶에는 관심이 없는 작금의 행태를 꼬집은 것이다. 비단 달라스 윌라드 목사만이 아니다. 유진 피터슨 목사, 조시 맥도웰 목사 등이 공통적으로 하는 말이 있다. "기독교는 종교도, 신념도, 라이프 스타일도 아니다. 그 이상의 어떤 것이다." '그 이상의 어떤 것'이 무엇일까? 아마 그리스도와의 만남일 것이다. 본래 기독교의 본질이 그리스도와 관계있기 때문이다.

그럴 수밖에 없다. 성경 번역사에서 가장 중요한 번역이 〈70인역〉이라면 두 번째는 제롬이 번역한 〈불가타역〉일 것이다. 제롬이 헬라어로 된 〈70인역〉을 라틴어로 번역하면서 '믿다'라는 헬라어 '피스튜오'를 '크레도(credo)'로 번역했다. '크레도'는 심장을 뜻하는 '코르(cor)'와 '우주의 질서에 맞게 배치하다'라는 의미를 가진 '다래(dare)'의 합성어다. '크레도'는 흔히 "나는 믿는다"로 번역되는데, 그 의미를 직역하면 "우주의 질서에 맞게 자신의 심장을 배치한다"라는 뜻이다.

예수를 믿는다는 말은 우주의 질서에 맞게 자신의 심장을 배치한 사람만 할 수 있다. 적어도 믿음이 있으면 우주의 질서에 순종할 수 있어야 한다. 하나님께 철저히 순종할 사람만 "나는 예수를 믿습니다"라고 할 수 있는 셈이다. 우리한테 믿음이 있다면 우리 역시 그래야 한다. 성경은 우리한테 그런 믿음을 요구한다.

묵상을 위한 질문

---

1. 기독교는 자기 소원을 이루는 종교가 아니라 자기 소원을 바꾸는 종교다. 기독교 신앙을 고백한 다음에 바뀐 소원이 어떤 것인가?

2. 예수님께 믿음 좋다는 칭찬을 들은 수로보니게 여인과 가버나움 백부장의 공통점은 무엇인가?

3. 믿음이 있으면 하나님이 그 사람 말을 잘 들어주시는 것이 아니라 하나님께 순종하게 된다. 믿음을 오해했던 사례나 순종했던 사례를 나누어보자.

기도

누군가 SNS에 감기 기운이 있다는 글을 올리면 쾌유를 위해 기도한다는 댓글이 줄줄이 달린다. 그때마다 혼자 생각한다. "정말로 기도할까?" 아무래도 아닌 것 같다. 대부분 쾌유를 바란다는 뜻으로 기도한다고 했을 것이다.

완곡한 거절의 뜻으로 "기도해보고 결정하겠습니다"라고 하는 경우도 있다. 면전에서 거절하는 난처함을 모면하기 위해서 기도를 핑계 삼는 것이다. 하나님과 우리를 연결하는 기도가 어쩌다 자기의 난처한 상황을 모면하기 위한 표현이 되었을까?

이런 말을 하면 누구나 고개를 끄덕일 것이다. 말로는 기도한다고 했지만 실제로 기도하는 것이 아니기 때문이다. 그러면 기도가 단지 행위의 문제일까? 기도를 하기만 하면 무조건 합격일까?

기도란 무엇일까?

　기도에 대한 내 생각을 정립해준 사건이 있었다. 고 1 때였다. 옆마을 교회와의 축구 경기에서 승부를 가리지 못했다. 승부차기를 하는데 키퍼가 주심한테 타임을 요청하더니 그 자리에서 무릎을 꿇고 기도했다. 키커도 잠깐 지켜보다가 털썩 무릎을 꿇었다.

　하나님이 누구 기도를 들어주셔야 할까? 그 모습이 나한테 상당한 충격이었다. 그날 밤, 기도를 한다면 적어도 이기적인 기도는 하지 말아야 하겠다고 혼자 결론을 내렸다. 아이들이 간식을 먹으면서 "하나님, 제가 제일 많이 먹게 해주세요."라고 하는 기도는 유치부 때로 족하다.

　예수님이 기도를 가르쳐주셨다. 기도를 따로 배워야 한다는 뜻이다. 그렇지 않으면 생래적인 욕구에 따라 기도할 수밖에 없다. 그런 기도는 예수님이 원하는 기도가 아니다. 그래서 바울이 에베소교회에 편지를 쓰면서 성령 안에서 기도하라고 했다. 배우지 않고 하는 기도, 불신자도 할 수 있는 기도는 성령 밖에서 하는 기도인 셈이다. 그런 기도도 하나님이 들어주셔야 할까?

　많은 사람이 기도를 열심의 문제로 얘기한다. 하지만 기도는 분별의 문제다. 어느 만큼 열심히 구하느냐 이전에 무엇을 구하느냐를 따져야 한다. 기도를 하되, 하나님의 능력보다 성품에 주목해야 한다.

　차제에 뭐든지 기도하면 되는 것처럼 오해할 수 있는 구절들을 짚

어보자.

기도에 대한 오해

> 구하라 그리하면 너희에게 주실 것이요 찾으라 그리하면 찾아 낼 것이요 문을 두드리라 그리하면 너희에게 열릴 것이니 구하는 이마다 받을 것이요 찾는 이는 찾아낼 것이요 두드리는 이에게는 열릴 것이니라(마 7:7-8)

마태복음 7장은 "비판을 받지 아니하려거든 비판하지 말라"로 시작한다. 자기 눈에 있는 들보는 깨닫지 못하면서 다른 사람 눈에 있는 티를 문제 삼는 것은 말이 안 된다. 그런데 난데없이 "구하라, 찾으라, 문을 두드리라"가 나온다.

특히 마 7:7에서 이어지는 내용은 "그러므로 무엇이든지 남에게 대접을 받고자 하는 대로 너희도 남을 대접하라 이것이 율법이요 선지자니라(마 7:12)"가 결론이다.

마태복음 5장에서 예수님이 바른 신앙을 말씀하셨다. 6장은 "사람에게 보이려고 그들 앞에서 너희 의를 행치 않도록 주의하라"라는 말로 시작했다. 7장 서두에서는 비판하지 말라는 내용이 나왔다. 이 내용이 전부 마 7:12에 연결된다.

구제나 기도를 해도 회당이나 거리에서 하고, 금식을 하면서 일부러 슬픈 기색을 띠는 이유는 사람들 앞에 영광을 얻으려는 술책이다. 남을 비판하는 이유도 다른 사람을 정죄함으로써 자기가 상대적으로 높아지려는 것이다. 결국 "남에게 대접을 받고자 하는 대로 너희도 남을 대접하라"라는 말은, "남에게 대접받고자 하면서 스스로를 치장하면 누가 너희를 대접하겠느냐? 남보다 높아지려고 다른 사람을 비판하면 누가 너희를 우러러보겠느냐? 다른 사람들로부터 영광을 얻고 싶으면 먼저 영광스럽게 대접해라. 그것이 영광을 얻는 방법이다."라는 뜻이다.

그러면 '구하라, 찾으라, 문을 두드리라'가 무엇 때문에 나온 말인지 알 수 있다. 사람들이 도무지 구할 줄 모르기 때문이다. 자기의 영광을 위한다고 하면서 고작 하는 짓이 외식하거나 남을 비판하는 것뿐이다. 자기를 영광스럽게 하는 가장 좋은 방법은 하나님께 구하는 방법이다. 하나님께 구하고 찾고 문을 두드리면 하나님께서 그렇게 해주실 것이다.

결국 "구하라, 찾으라, 문을 두드리라"라는 말씀은 "필요한 것이 있으면 간절히 구하라"라는 뜻이 아니라 "신앙생활은 하나님 앞에서 하는 것이다. 사람들에게 인정받으려고 외식하거나 남을 비판하지 말고 하나님을 찾아라."라는 뜻이다.

> 집에 들어가시매 제자들이 조용히 묻자오되 우리는 어찌하여 능히 그 귀신을 쫓아내지 못하였나이까 이르시되 기도 외에 다

른 것으로는 이런 종류가 나갈 수 없느니라 하시니라(막 9:28-29)

예수님이 베드로, 요한, 야고보와 더불어 변화산에 간 사이에 귀신 들린 아들을 데리고 온 사람이 있었다. 제자들이 나섰지만 귀신을 쫓아내지 못했다. 마침 예수님이 와서 귀신을 쫓아냈는데, 나중에 제자들이 자기들은 왜 귀신을 쫓아내지 못했느냐고 물었다. 그때 예수님이 기도를 말씀하셨다.

"제자들이 평소에 기도하지 않아서 그랬구나"라고 생각하면 간단하다. 그런데 예수님 말씀은 "왜 평소에 기도하지 않았느냐? 그러니 영력을 다 까먹은 것 아니냐?"가 아니다. 귀신을 쫓아내는 일이 기도 아니면 안 된다는 것이다.

그럼 제자들이 어떻게 했을까? 아마 "예수 그리스도 이름으로 명하노니 귀신은 나갈지어다"라고 했을 것이다. 그런데 안 나갔다. 예수님은 어떻게 했을까? 예수님은 "말 못하고 못 듣는 귀신아 내가 네게 명하노니 그 아이에게서 나오고 다시 들어가지 말라"라고 하셨다. 예수님이 한 것은 기도이고 제자들이 한 것은 기도가 아닌 이유가 무엇일까?

게다가 그 일이 있기 얼마 전에 예수님이 제자들을 둘씩 보내면서 귀신을 제어할 권능을 주셨고(막 6:7), 제자들은 실제로 그 권능을 행사했다(막 6:13). 그런데 이번에는 왜 안 될까?

예수님이 귀신을 쫓아내기 전에 제자들을 질책하시면서 "믿음이 없는 세대여 내가 얼마나 너희와 함께 있으며 얼마나 너희에게 참으리요"라고 하셨다. 그런데 제자들이 자기들은 왜 귀신을 쫓아내지 못했느냐고 물었을 때는 기도를 말씀하셨다. 믿음과 기도가 같은 뜻으로 쓰이고 있다. 둘 사이에 어떤 공통점이 있을까?

교육전도사 시절, 여름 수련회를 출발하는 날이었다. 한 아이가 와서 멀미하지 않게 기도해달라고 했다. 상당히 당혹스러웠다. 나한테는 기도를 해서 멀미를 안 하게 하는 능력이 없다. 그렇다고 해서 기도를 안 해줄 수도 없었다. 일단 그 아이 머리에 손을 얹고 기도를 했다. 그 아이가 자리로 돌아간 다음에도 기도를 멈출 수 없었다. "하나님, 저 아이가 멀미를 하면 제가 망신당하는 건 둘째 치고 앞으로 아이들을 무슨 수로 지도합니까? 하나님, 제발 어떻게 좀 해주십시오.' 수련회 장소에 도착하는 내내 그렇게 기도하면서 그 아이 눈치를 살폈다. 다행히 그 아이가 멀미하지 않고 수련회 장소에 도착했다. "하나님! 감사합니다." 소리가 절로 나왔다.

수련회 일정을 마치고 돌아오는 날이 되었다. 속으로 걱정이 되었다. "얘가 또 기도해달라고 할 텐데 이걸 어쩌나?" 하는 조바심 때문이었다. 그런데 그 아이가 기도해달라는 말을 하지 않았다. 슬쩍 눈치를 살폈더니 친구들과 노느라고 정신이 없었다. 내내 속으로 기도하면서 그 아이를 살폈다. "하나님, 저 아이가 노는 데 정신이 팔려서 기도해달라는 말을 하지 않고 있습니다. 이 상태로 서울에 도착할 수 있게 해주십시오." 다행스럽게도 그 아이는 친구들과 계속 잘 놀았다. 버스가 교회에 도착한 다음에 시치미를 떼고 물었다. "깜빡 잊었다. 너, 왜 기도해달라고 안 했어?" 그 아이가 대답했다. "그냥 가다가 속이 울렁거리면 기도해달라고 하려고 했는데 도착할 때까지 괜찮았어요."

수련회 출발 당일에 그 아이가 멀미를 하지 않은 것이 내 능력이었으면, 돌아오는 날 내가 조바심을 낼 이유가 없었다. 수련회 장소에 갈 때 내가 기도한 것도 맞고, 그 아이가 멀미를 안 한 것도 맞지만 내가 한 일은 아니다. 그런데 그 아이는 아무 걱정 없이 친구들과 잘 놀았던 것이다.

그 아이는 믿음이 있었고 나는 믿음이 없었을까? 믿음은 하나님의 능력을 자기 마음대로 갖다 쓰는 재주가 아니다. 비록 그것이 자기를 통하여 나타났다고 해도 그 일을 행한 주체가 자기가 아닌 하나님임을 아는 것이다.

기도는 하나님께 부탁드리는 형식으로 이루어진다. 기도했더니 됐다는 얘기는 "이 일은 하나님이 해주셨다"라는 뜻이다. 그런데 일의 성패에만 주목할 수 있다. 그러면 기도가 원하는 일을 이루는 수단이 된다. 마치 서커스단의 물개가 친구한테 "저 조련사를 내가 훈련시켰어. 내가 이 공을 주둥이에 올리면 나한테 꽁치를 줘."라고 하는 격이다.

그러면 제자들이 귀신 들린 아이를 고치지 못한 이유를 알 수 있다. 제자들은 얼마 전에 귀신을 쫓아내는 권능을 사용한 적이 있다.

그것이 자기들 능력인 줄 알았다. 이번에도 자기들 능력으로 귀신을 쫓아내려고 했다. 그래서 "믿음이 없는 세대여 내가 얼마나 너희와 함께 있으며 얼마나 너희를 참으리요"라는 말을 들은 것이다.

결국 "기도 외에 다른 것으로는 이런 종류가 나갈 수 없느니라"라는 예수님 말씀은 "귀신을 쫓아내려면 기도해야 한다"라는 뜻이 아니라 "그 일은 너희가 하는 일이 아니라 하나님께서 하시는 일이다"라는 뜻이다.

> 그러므로 내가 너희에게 말하노니 무엇이든지 기도하고 구하는 것은 받은 줄로 믿으라 그리하면 너희에게 그대로 되리라
> (막 11:24)

간암 말기 판정을 받은 사람이 있다. 어느 날, 이 말씀을 보더니 완쾌된 사람처럼 처신하기 시작했다. 항암 치료도 거부했다. 회사에 복직 신청을 해서 근무도 시작했다. 접대를 한다면서 술도 마신다. 그러면 조만간 간암이 나을까?

앨버트 놀런이 그의 책 〈그리스도교 이전의 예수〉에서 믿음이 어떤 비결로 전락할 위험을 경고한다. 믿음은 어떤 마력이나 주술이 아니라 하나님 나라를 위해서 맺고 자르는 하나의 결단이라고 한다. 이 세상에 대한 자기의 탐욕과 집착을 자르고 자신을 하나님 나라에 연결하는 것이 믿음이라는 것이다.

기도

기도라고 다를까? 기도는 자기 힘으로 이룰 수 없는 일을 이루는 신비한 방법이 아니다. 하나님과의 연결 통로다. 무엇보다 기도는 하나님의 은혜를 구하는 것이지, 하나님을 조작하는 것이 아니다.

우선 문맥을 확인해보자. 본문 앞에는 예수님이 잎사귀가 무성한 무화과나무를 저주하는 내용이 나온다. 무화과나무는 잎사귀보다 열매가 먼저 달린다. 잎사귀가 있으면 열매는 당연히 있어야 한다. 그런데 그 무화과나무는 열매도 없으면서 잎사귀가 무성했다. 그래서 저주하셨다.

그러고는 성전에서 매매하는 사람들을 내쫓았다. 흔히 예수님이 성전을 정화했다고 하는데 그렇지 않다. 요한복음에는 유대인들이 "네가 이런 일을 행하니 무슨 표적을 우리에게 보이겠느냐?"라고 따지는 장면이 나온다. 그때 예수님이 "너희가 이 성전을 헐라 내가 사흘 동안에 일으키리라"라고 했다. 예수님이 사흘 만에 부활하실 것을 말씀하신 것이다.

성전을 허는 것과 부활하는 것이 무슨 상관이 있을까? 부활하는 능력이 있으면 성전을 마음대로 부숴도 될까? 그런 얘기가 아니다. 성전이 더 이상 소용없게 된다는 뜻이다. 예수님이 진정한 성전이기 때문이다. 만일 성전을 정화했다면 정화된 성전에서 다시 제사가 드려져야 하는데 그게 아니다. 예수님이 십자가에 달려 돌아가실 때 지성소를 가리던 휘장이 찢어졌다. 누구든지 하나님께 나아갈 수 있게 되었다.

예수님이 무화과나무를 통해서 성전의 실상을 말씀하셨다. 예수님이 무화과나무더러 "이제부터 영원토록 사람이 네게서 열매를 따 먹지 못하리라"라고 하신 것처럼 성전이 그렇게 될 것이다. 예수님이 무화과나무를 저주하신 것이 성전에 대한 종말 선언인 셈이다.

다음날이 되었다. 무화과나무가 마른 것을 보고 베드로가 "랍비여 보소서 저주하신 무화과나무가 말랐나이다"라고 하자, 예수님이 "내가 진실로 너희에게 이르노니 누구든지 이 산더러 들리어 바다에 던져지라 하며 그 말하는 것이 이루어질 줄 믿고 마음에 의심하지 아니하면 그대로 되리라"라고 하시고는 이어서 "그러므로 내가 너희에게 말하노니 무엇이든지 기도하고 구하는 것은 받은 줄로 믿으라 그리하면 너희에게 그대로 되리라"라고 하셨다.

예수님이 말씀하신 산은 막연한 산이 아니다. "누구든지 이 산더러 들리어…"라고 했으니 성전이 있는 시온산이다. 또 바다에 던진다는 얘기는 심판을 뜻한다(출 15:1b, 막 9:42, 계 18:21). 예수님 말씀은 믿음만 있으면 어떤 산이든지 마음대로 옮길 수 있다는 뜻이 아니다. 예수님의 성전 철폐 선언에 동참할 수 있다는 뜻이다. 성전은 앞으로 쓸모없다는 말씀을 예수님만 하실 수 있는 것이 아니라 믿음이 있는 사람이면 누구나 할 수 있다. 중요한 것은 믿음이지, 성전이 아니다.

예수님이 무화과나무를 저주하는 것을 제자들이 다 들었다. 그렇다고 해서 "이 나무는 이제 말라 죽겠구나"라는 생각을 하지는 않았을 것이다. 그런데 다음날 보니 정말로 말랐다. 그러면 성전도 마찬가지다. 예수님이 성전에서 매매하는 자들을 내쫓았다고 해서 성전이 없어질 것으로 생각하지는 않았을 것이다. 하지만 없어진다. 그래서 "누구든지 이 산더러 들리어 바다에 던져지라 하며 그 말하는 것이 이루어질 줄 믿고 마음에 의심하지 아니하면 그대로 되리라"라고 한 것이다.

지금까지는 성전이 하나님과의 통로였는데 이제는 성전이 없다. 그렇다고 해서 하나님과 차단된 것이 아니다. 그래서 믿음과 기도를 말씀하셨다. 지금까지는 성전에서 제물을 바치면서 간구했지만 이제는 그냥 구하면 된다. 그래서 "무엇이든지 기도하고 구하는 것은 받은 줄로 믿으라 그리하면 너희에게 그대로 되리라"라는 말씀이 있는 것이다.

아들 대학 합격이든지, 펀드 수익률이든지 무엇이든지 기도하고 구하는 것은 받은 줄로 믿으면 된다는 뜻이 아니다. 설마 이스라엘 백성들이 성전에서 그런 것을 구했을까? 그들이 드린 번제, 소제, 속죄제, 속건제, 화목제에는 그런 요소가 없다. 그들이 구한 것은 죄다 자기의 성결 문제였다. 죄에서 벗어나서 하나님 앞에 바로 서야 한다. 비록 성전은 없지만 그런 문제라면 무엇이든지 기도하고 구하는 것은 받은 줄로 믿으면 된다.

진실로 다시 너희에게 이르노니 너희 중의 두 사람이 땅에서

> 합심하여 무엇이든지 구하면 하늘에 계신 내 아버지께서 그들을 위하여 이루게 하시리라 두세 사람이 내 이름으로 모인 곳에는 나도 그들 중에 있느니라(마 18:19-20)

합심기도를 강조할 때 자주 인용하는 말씀이다. 그런데 왜 하필 두세 사람일까? 혼자 있을 때는 주님이 함께하지 않으실까?

본문은 "진실로 다시 너희에게 이르노니…"라는 말로 시작한다. 앞에서 한 말을 반복한다는 뜻이다. 마 18:18에는 "진실로 너희에게 이르노니 무엇이든지 너희가 땅에서 매면 하늘에서도 매일 것이요 무엇이든지 땅에서 풀면 하늘에서도 풀리리라"라는 말씀이 있다. 즉 그 말씀을 다른 표현으로 반복한 것이다.

마 18:18은 우리에게 낯익다. 예수님이 베드로의 신앙고백을 토대로 교회를 세우시겠다고 하면서 하신 말씀이다. 그때 예수님이 "내가 천국 열쇠를 네게 주리니 네가 땅에서 무엇이든지 매면 하늘에서도 매일 것이요 네가 땅에서 무엇이든지 풀면 하늘에서도 풀리리라"라고 하셨다.

이런 말씀이 나오는 연유를 알려면 그 앞에 있는 내용을 확인해야 한다.

> 네 형제가 죄를 범하거든 가서 너와 그 사람과만 상대하여 권고하라 만일 들으면 네가 네 형제를 얻은 것이요 만일 듣지 않

> 거든 한두 사람을 데리고 가서 두세 증인의 입으로 말마다 확증
> 하게 하라 만일 그들의 말도 듣지 않거든 교회에 말하고 교회의
> 말도 듣지 않거든 이방인과 세리와 같이 여기라 (마 18:15-17)

얼핏 생각하면 잘못을 범한 사람에게 다시 기회를 주되, 도무지 말을 듣지 않으면 포기하라는 뜻 같다. 그런데 이어지는 내용이 "진실로 너희에게 이르노니 무엇이든지 너희가 땅에서 매면 하늘에서도 매일 것이요 무엇이든지 땅에서 풀면 하늘에서도 풀리리라"이다.

주님께서 교회에 천국 열쇠를 맡기셨다. 우리가 무엇이든지 땅에서 매면 하늘에서도 매이고, 무엇이든지 땅에서 풀면 하늘에서도 풀린다. 우리가 용서하는 사람은 하늘에서도 용서를 받을 것이고, 우리가 용서하지 않는 사람은 하늘에서도 용서를 받지 못한다.

"범죄한 형제가 교회의 말도 듣지 않거든 이방인이나 세리와 같이 여기라"라는 말과 연결하면 어떻게 될까? 어떤 사람을 교회에서 쫓아내면 그 사람은 천국에서도 쫓겨나게 된다는 뜻이다.

교회의 결정에 따라서 구원이 좌우된다는 뜻일 수는 없다. 형제를 용납하는 문제가 그 정도로 중요하다는 뜻이다. 우리끼리 아옹다옹하고 끝나는 문제가 아니라 하나님께서 관심을 갖고 지켜보시기 때문이다.

나는 데모가 끊이지 않던 시절에 대학에 다녔다. 만일 어떤 교수가 데모대를 막으면서 "정 나가려면 나를 짓밟고 가라"라고 했다고

하자. 그러면 정말로 짓밟고 가라는 뜻이 아니다. 교문 밖으로 나가는 일만큼은 제발 하지 말라는 뜻이다.

마 18:15-17은 "형제를 정죄하는 일은 심사숙고해서 결정해야 한다"라는 말이 아니다. "형제를 쫓아내는 일은 천국에서 쫓아내는 것과 같은 일이다. 그런 일은 절대 없어야 한다."라는 뜻이다.

우리가 "하나님, 쟤 좀 혼내주세요."라고 하면, 하나님은 정말로 혼내줄 것이다. 우리가 혼내주는 것과 하나님이 혼내주는 것은 차원이 다르다. 우리는 잠깐 혼내주라고 얘기했는데 하나님은 다시 번복하지 못하게 영원히 혼내주신다.

그러면 어떻게 해야 할까? 그래서 용서가 필요하다. 이어지는 마 18:21 이하에서 베드로가 죄를 범한 형제를 몇 번이나 용서하면 되느냐고 묻는 내용이 나온다. 예수님이 그에 대한 답으로 일만 달란트를 탕감받았으면서 백 데나리온을 탕감해줄 줄 모르는 불의한 종의 비유를 말씀하신다.

두 사람이 땅에서 합심하여 무엇이든지 구하면 하나님께서 이루어주신다는 말씀은 합심기도의 중요성을 말하는 내용이 아니다. 교회의 결정을 하나님께서 그만큼 중시하신다는 뜻이다. 한 영혼이라도 떠나는 일이 없도록 하는 것이 교회의 책임이다.

그러면 눅 11:5-8은 어떨까? 여행 중인 벗이 찾아왔다며 떡 세 덩이를 구하는 내용인데, 끈질기게 구하면 이루어진다는 뜻 아닐까?

물론 기도는 중도에 포기하는 것이 아니다. 그런데 이렇게 말하면 한 가지 맹점이 있을 수 있다. 기도를 열심의 문제로 오해하는 것이다. 설마 하나님이 처음에는 기도를 들어줄 마음이 없다가도 계속 보채면 들어주기도 하실까?

기도는 땅의 일을 위해서 하늘을 움직이는 것이 아니다. 하늘의 일을 위해서 땅을 움직이는 것이다. 기도를 통해서 하나님을 설득하는 것이 아니라 우리가 하나님의 뜻에 순종해야 한다. 새 신자 빼고는 다 아는 얘기다.

그런데 알기만 한다. 적어도 예수를 믿는다면 하나님을 아프게 하는 문제를 놓고 기도해야 하는데 죄다 자기를 아프게 하는 문제로 기도하기에 급급하다.

눅 11:5-8에서 떡 세 덩이를 구한 친구가 다른 것을 구했으면 어떻게 되었을까? 노름 밑천을 빌려 달라는 부탁이었어도 들어주었을까? 하다못해 아이가 용돈을 달라고 할 때도 끈질기게 보채는 것보다 용돈의 용도가 중요하다.

유대인은 손님 접대에 굉장히 적극적이다. 나그네를 잘 대접하라는 말은 율법 조항에도 있다. 그래서 친구를 찾아가서 요청했다. 친구는 이미 자리에 누웠다고 거절했지만 그냥 돌아설 수 없다. 무슨 일이 있어도 떡 세 덩이를 구해야 한다.

예수님의 비유는 "내가 너희에게 말하노니 비록 벗 됨으로 인하여서는 일어나서 주지 아니할지라도 그 간청함을 인하여 일어나 그 요구대로 주리라"로 끝난다. 합당한 것을 구하는 한, 지레 포기하지만 않으면 그 부탁은 절대 거절되지 않는다. "우리가 선을 행하되 낙심하지 말지니 포기하지 아니하면 때가 이르매 거두리라"라는 말씀 그대로다.

우리 기도가 이루어지느냐, 이루어지지 않느냐는 단지 하나님의 능력에 대한 얘기가 아니다. 하나님이 과연 그 일을 원하시는지가 우선이다. 기도는 자기가 원한다는 이유로 하나님의 능력을 갖다 쓰는 비방이 아니다. 하나님의 성품을 헤아려서 자기를 거기에 맞춰야 한다.

눅 11:5-8 바로 앞에 주기도문이 나온다. 예수님이 밤중에 찾아온 친구 때문에 떡을 빌리는 비유를 이 세상 모든 사람한테 얘기한 것이 아니다. 주기도문으로 기도한 사람한테 얘기했다. 그런 사람한테 기도가 금방 이루어지지 않는다고 해서 낙심하지 말라는 뜻으로 하신 말씀이다. 무슨 일이든지 끈질기게 구하면 되는 것이 아니라 정당한 것을 끈질기게 구해야 한다.

눅 18:1-8에도 비슷하게 보이는 내용이 나온다. "어떤 도시에 불의한 재판장이 있었다. 한 과부가 원한을 풀어달라고 했다. 재판장이 처음에는 들어주지 않았는데, 들어주지 않으면 자기가 번거로울 것 같아서 들어주기로 했다. 불의한 재판장도 이럴진대 하물며 하나님이겠느냐? 중요한 것은 우리가 포기하지 않고 계속 기도하는 것이다."라고 하면 맞는 말 같다.

과부가 재판장한테 원수에 대한 자기 원한을 풀어달라고 했다. 원한은 '에크디케오'를 번역한 말로 '에크(밖으로)'와 '디카이오오(의)'의 합성어다. 의에서 벗어난 상황이 '에크디케오'다. 원한을 풀어달라는 말은 개인의 억울함에 대한 호소가 아니다. 공의의 실현을 요청한 것이다.

원수가 과부한테 어떤 일을 했는지는 모른다. 어쨌든 하나님의 공의와 연결된 일이다. 과부가 그런 일을 탄원했다. 의에서 벗어난 상태가 원한이면 원한을 풀어주는 것은 의로운 상태로 복귀하는 것이 된다. 하나님을 두려워하지 않고 사람을 무시하는 재판장을 통해서도 공의가 이루어진다. 하물며 하나님일까?

과부가 끈질기게 구한 이유는 재판장이 불의했기 때문이다. 하지만 하나님은 불의한 분이 아니니 끈질기게 구할 이유가 없다. "불의한 재판장도 끈질기게 구하니 들어줬다. 기도는 응답될 때까지 끈질기게 해야 한다."라는 식으로 적용하면 안 된다.

그렇다고 해서 "그럼 우리가 기도만 하면 들어주십니까?"라고 하는 것도 곤란하다. 기도에 끈질김이 동원되는 이유가 무엇일까? 하나님이 우리 기도를 들어주시는 분일까, 들어주시지 않는 분일까? 하나님이 우리 기도를 들어주시는 분이면 끈질기게 기도할 필요가 없다. 그냥 기도하면 된다. 하나님이 우리 기도를 들어주시지 않는 분이면 아예 기도를 할 이유가 없다.

그런데도 기도는 끈질기게 해야 한다는 말이 설득력을 갖는 것은 우리의 본성 때문이다. 그렇게 해야 하나님이 기도를 더 잘 들어주실 것처럼 생각한다. 그럼 따져 보자. 어떤 사람은 아들이 고 3이 되자마자 일 년 내내 새벽마다 기도하고, 다른 사람은 수학능력시험 당일만 기도했다. 그러면 누가 더 시험을 잘 볼까?

물론 하나님은 성적이 바닥인 학생도 서울대학교에 수석으로 들어가게 하실 수 있다. 단지 능력의 차원이라면 얼마든지 가능하다. 하지만 하나님이 그런 일을 왜 하셔야 할까? 수년 전에 학생의 성적을 조작해서 사회적인 물의를 일으킨 교사가 있었는데 설마 하나님께 그런 것을 기대하는 것일까?

나아만이 나병 때문에 엘리사를 찾아왔다. 엘리사가 요단강 물에 일곱 번 몸을 씻으라고 했고, 그렇게 해서 병이 나았다. 누군가 그 내용을 보면서 "암이든지 당뇨든지 요단강에서 일곱 번 몸을 씻으면 된다"라고 하는 것이 가능할까?

과부가 구한 내용은 아들의 대학 입시나 남편의 사업 문제가 아니다. 의에서 벗어난 상황을 바로잡아달라는 것이었다. 그런 호소를 듣는 재판장은 의에 아무 관심이 없는 사람이었지만 결국 들어주었다.

그러면 뭔가 이상하다. 재판장이 과부의 말을 들어주기로 한다는 말에 이어서 "하물며 하나님께서 그 밤낮 부르짖는 택하신 자들의 원한을 풀어주지 아니하시겠느냐 그들에게 오래 참으시겠느냐 내가 너희에게 이르노니 속히 그 원한을 풀어주시리라"라그 하기 때문

기도

이다.

밤낮 부르짖는 택하신 자들이 누구일까? 당연히 교회다. 교회가 품은 원한이라면 사탄 때문이다. 이 모든 문제가 예수님의 재림으로 해결될 것이다. 눅 18:8b에 "그러나 인자가 올 때에 세상에서 믿음을 보겠느냐"라는 말씀이 있는 것이 그런 까닭이다. 결국 눅 18:1-8은 주님의 재림을 기다리는 성도가 어떻게 살아야 하는지에 대한 말씀이다. "끈질기게 기도하면 이루어진다"가 아니라 "하나님의 의는 반드시 성취되니 왜곡된 세상을 산다고 해서 낙심하지 말고 기도하며 기다려라"라는 뜻이다.

한 군데 더 확인해 보자. 사도행전 12장에 야고보를 죽인 헤롯이 베드로를 옥에 가두는 내용이 나온다. 그 일을 놓고 교회가 기도했고, 주의 사자가 베드로를 구출한다. 그때 마리아의 집에서는 여러 사람이 모여 기도하고 있었다. 베드로가 문을 두드리자, 로데가 나왔다가 베드로의 음성을 듣고는 문을 열어주지도 않은 채 사람들에게 가서 베드로가 왔다고 말했다. 그런데 사람들은 믿지 않았다.

이 내용을 놓고 "베드로가 옥에 갇혔다. 초대교회 교인들이 베드로를 위해서 기도했고, 그 기도가 상달되었다. 하나님께서 천사를 보내서 베드로를 구원해주셨다. 그런데 사람들은 자기들이 기도했으면서도 믿음이 없었다."라고 말하는 것을 들은 기억이 있다.

그러면 야고보는 왜 죽었을까? 교인들이 베드로만 신경 쓰고 야고

보한테는 관심이 없었을까?

남편의 외도로 속을 썩이던 분이 있었다. 그 문제로 새벽기도를 시작했는데 하루는 이런 말을 했다. "요즘 우환이 없는 집이 없나 봐요. 새벽부터 기도하러 나온 사람들이 그렇게 많더라고요." 우환이 있으니 기도를 하지, 우환이 없으면 왜 기도를 하겠느냐는 것이 그분 생각이었다.

행 12:5에 "이에 베드로는 옥에 갇혔고 교회는 그를 위하여 간절히 하나님께 기도하더라"라고 되어 있다. 무슨 기도를 했을까? "옥에 갇힌 사람을 위해서 기도할 것이 뭐가 있겠느냐? 당연히 옥에서 구해 달라고 기도하지 않았겠느냐?"라고 하는 것은 "새벽에 교회 갔더니 우환이 없는 집이 없더라"라고 하는 것과 방불하다.

> 주여 이제도 그들의 위협함을 굽어보시옵고 또 종들로 하여금 담대히 하나님의 말씀을 전하게 하여주시오며 손을 내밀어 병을 낫게 하시옵고 표적과 기사가 거룩한 종 예수의 이름으로 이루어지게 하옵소서 하더라 (행 4:29-30)

사도행전 3장에서 베드로와 요한이 나면서부터 걷지 못하던 자를 걷게 한다. 그리고 그 일로 고초를 겪는다. 그래서 기도하는데, 자기들을 도와달라고 하는 게 아니라 담대히 하나님의 말씀을 전하게 해달라고 한다. "저희가 하나님 말씀을 전하는 것 때문에 핍박을 받습니다. 그렇다고 해서 움츠러들지 않게 해주십시오. 더욱 담대히 말씀을 전하게 해주십시오."라는 뜻이다.

게다가 "손을 내밀어 병을 낫게 하시옵고"라고 했다. 방금 못 걷는 사람을 고쳤다가 고초를 겪었다. 그런데도 자기들을 통해서 그런 일이 있게 해달라고 한다. 그러면 또 고초를 당하겠지만 관계없다. 얼마든지 감당할 테니까 자기들을 계속 그 자리에 있게 해달라고 한다. 어려움을 없애달라고 하지 않고 감당할 수 있게 해달라고 한다.

그러면 행 12:5 말씀을 다시 생각해 보자. 설마 베드로의 목숨을 위해서 기도했을까? 베드로의 사역을 위해서 기도하지 않았을까? 아무래도 "하나님, 큰일 났습니다. 베드로를 구해주십시오."라고 기도한 것이 아니라 "베드로로 하여금 환경에 굴하지 않고 담대히 하나님 말씀을 전하게 하옵소서"라고 기도했을 것 같다.

예전에 이런 내용을 말했더니 한 분이 그랬다. "요즘 누가 그렇게 기도해요? 기왕이면 살려달라고 기도해야죠." 물이 수원지를 넘지 못하는 것처럼 사람은 자기 수준을 넘지 못한다. 기도를 자기가 원하는 것을 이루는 방법으로 알고 있으면 그럴 수밖에 없다. 그러면 하나님은 어떤 분일까? 우리 기도나 들어주는 분일까? 그 하나님과 우리는 어떤 관계여야 할까? 게다가 '요즘'이라는 말을 왜 했을까? 초대교회 교인들과 우리는 추구하는 것이 다르다는 뜻일까? 그 시대의 기도 제목과 요즘 기도 제목은 다른 것이 정상일까?

> 사람이 귀를 돌려 율법을 듣지 아니하면 그의 기도도 가증하니라(잠 28:9)

 이런 말씀이 있는 걸 보면 율법에는 관심이 없으면서 기도는 하는 사람이 있는 모양이다. 자기는 하나님을 무시하면서 하나님은 자기한테 신경 써주기를 바라는 것이 무슨 심보일까?

 짚이는 점이 있다. 하나님이 인격이 있는 분인 것을 생각하지 못해서 그렇다. 커피 자동판매기에는 동전만 넣으면 커피가 나온다. 동전을 넣은 사람이 어떤 사람인지 안 따진다. 기도를 그렇게 생각한 것이다. 하나님이 기도 내용만 들으시는 분이 아니라 기도하는 사람을 보시는 분인 걸 몰라서 그렇다. 크리소스톰(황금 입)이라는 별명으로 유명한 교부 요한은 이에 대해서 "어떤 사람이 똥을 손에 쥔 채 당신 발을 붙들고 사정하면 그 사정을 들어주시겠습니까? 오히려 걷어차지 않겠습니까?"라고 일갈했다.

> 너희가 손을 펼 때에 내가 내 눈을 너희에게서 가리고 너희가 많이 기도할지라도 내가 듣지 아니하리니 이는 너희의 손에 피가 가득함이라(사 1:15)

 옛날 어머니들은 소원이 있으면 새벽에 정화수를 떠놓고 치성을 드렸다. 허리를 숙이고 손바닥을 비비면서 "비나이다 비나이다"를 연신 반복했다. 많이 반복할수록 소원이 더 잘 이루어질 것으로 생각해서 그렇다.

그런 식의 생각이 교회 와서도 달라지지 않으면 열심히 기도해서 하나님을 설득하려고 할 것이다. 하지만 하나님께는 기도하는 열심보다 기도하는 사람이 중요하다. "비록 손에 피는 묻었지만 열심히 기도했으니까 봐준다"라는 법은 없다. 손이 정결한 것이 먼저다.

그럼 손이 깨끗하면 잘 들어주실까? 하나님이 기도를 잘 들어주시게 하기 위해서 손이 깨끗해야 할까?

예전에 어떤 청년이 "너희가 내 안에 거하고 내 말이 너희 안에 거하면 무엇이든지 원하는 대로 구하라 그리하면 이루리라(요 15:7)"라는 말씀이 사실이냐고 물은 적이 있다. 그렇다고 했더니 정말로 원하는 대로 다 이루어지느냐고 거듭 확인했다. 내가 물었다. "주님이 어떤 사람 안에 거하고 주님 말씀이 그 사람 안에 거하면 그 사람이 어떤 것을 원할 것 같으냐?" 그랬더니 실망한 말투로 말했다. "그게 뭐예요? 그럼 아무것도 아니잖아요."

거룩한 사람이 되어서 거룩한 것을 소망하는 것이 왜 아무것도 아닐까? 대체 관심이 어디에 있으면 그럴까? 그런 것이 아무것도 아니면 중요한 것은 어떤 것일까?

우리가 하는 기도

우리가 기도해야 하는 이유를 확인해 보자. 성경에 기도하라는 말씀이 왜 있을까?

> 사람이 이르기를 이 땅이 황폐하더니 이제는 에덴동산같이 되었고 황량하고 적막하고 무너진 성읍들에 성벽과 주민이 있다 하리니 너희 사방에 남은 이방 사람이 나 여호와가 무너진 곳을 건축하며 황폐한 자리에 심은 줄을 알리라 나 여호와가 말하였으니 이루리라 주 여호와께서 이같이 말씀하셨느니라 그래도 이스라엘 족속이 이같이 자기들에게 이루어 주기를 내게 구하여야 할지라 (겔 36:35-37)

하나님께서 이스라엘의 회복을 말씀하신다. 하나님께서 말씀하셨으니 당연히 이루어질 것이다. 하지만 조건이 있다. 이스라엘이 그렇게 해달라고 구해야 한다.

하나님은 하나님께서 정하신 일을 하시면서도 굳이 우리 기도를 통해서 하기를 원하신다. 우리로 하여금 하나님의 일에 동참하게 하는 것이다. 하나님께서 하시는 일인데도 그 일을 우리 공로로 돌리고 싶어 하신다.

그렇다고 해서 기도 제목에 자기의 온갖 욕심을 동원하지는 말자.

하나님께서 작정하신 일은 이스라엘의 회복이다. 그 일을 하나님 혼자 이루시지 않고 이스라엘의 기도를 통해서 이루신다.

그런데 이런 일에 관심이 없을 수 있다. "그게 뭐예요? 그럼 아무 것도 아니잖아요."라고 할 수 있다. 아버지의 뜻이 하늘에서와 같이 땅에서도 이루어지기를 바라는 마음은 없고 무조건 자기 뜻이 이루어지기를 바라는 마음만 있으면 별 도리가 없다. 예수님은 "아버지여 저희의 죄를 용서하여 주옵소서. 저들은 자기들이 하는 것을 알지 못함이니이다."라고 기도했는데 우리는 "아버지여 우리를 용서하여 주옵소서. 우리는 우리의 하는 것을 알면서도 하고 말기 때문입니다."라고 기도해야 할 것도 같다.

수년 전에 기도원에서 몇몇 분이 주고받는 대화를 들은 적이 있다. 한 분이 기도원에 온 이유를 말했다. 시아버지가 사실 날이 얼마 안 남았는데 자기네가 맏이니까 유산 분배에서 장자권을 제대로 행사할 수 있도록 하나님이 함께해달라고 기도하러 왔다는 것이었다.

그분이 생각하는 장자권이 어떤 것인지는 모르겠는데 설마 누가 복음 12장에 나오는 어리석은 부자 비유를 모르지는 않을 것이다. 그 비유는 "무리 중에 한 사람이 이르되 선생님 내 형을 명하여 유산을 나와 나누게 하소서 하니 이르시되 이 사람아 누가 나를 너희의 재판장이나 물건 나누는 자로 세웠느냐 하시고…"로 시작한다.

성경에 있는 내용을 알기만 하는 사람이 한둘이 아니니 그냥 넘어가기로 하자. 정작 신경 쓰이는 표현이 따로 있었다. 유산을 유리하게 분배받을 수 있도록 하나님이 함께해달라고 기도한다는 표현이 더 경악스러웠다. 하나님이 함께하시면 자기한테 유리한 일이 생기는 것일까?

언젠가 본 사극의 한 장면이 있다. 주인이 여종을 겁탈해서 임신시켰으면서 오히려 행실이 불량한 계집이라고 능욕하는 중이었다. 마침 신분을 숨긴 채 궁 밖으로 나섰던 중전이 그 광경을 보고는 주인의 뺨을 때린다. 주인이 발끈했지만 이내 중전인 것을 알고는 바로 무릎을 꿇고 용서를 구한다.

뜻밖의 상황에 잔뜩 겁을 집어먹은 여종이 중전한테 애원한다. 일이 이렇게 되었으니 나중에 더 큰 봉욕을 치를 것이라며 그만 떠나달라는 것이다. 그 하소연을 들은 중전이 말한다. "내 이미 네 인생에 끼어들었느니라." 그러면서 손을 내밀어 일으키고는 안아준다.

그 드라마를 본 사람 중에 신자도 있을 것이다. 그러면 주님께서 우리한테 그렇게 말씀하시는 것을 상상하며 희열을 느끼지 않았을까? 문제는 그다음이다. 주님이 우리 인생에 끼어든 것은 맞다. 그러면 우리 인생이 형통하게 될까, 거룩하게 될까?

성경에 "내가 거룩하니 너희도 거룩할지어다"라는 말씀은 있어도 "내가 형통하니 너희도 형통할지어다"라는 말씀은 없다. 그런데도 주님의 함께하심을 형통과 연결 짓는 경우가 왕왕 있다. 주님이 함께하시면 문제가 해결된다는 것이다. 그러면 기도할 때는 어떤 것을 구할까? 그 기도가 다 이루어지면 이 땅에 하나님의 나라가 얼마나 확장될까?

누군가 기도한다. "하나님, 오늘 하루도 도와주옵소서. 약속 시간에 늦지 않게 해주시고, 가고 오는 길을 지켜주옵소서. 제 아이의 진로에 아버지의 은혜가 있기를 소망합니다. 더하여 바라옵기는 저희 가정의 재정 문제 또한 형통케 하셔서 늘 아버지 하나님의 풍성하심이 선포되게 하옵소서."

장면을 바꿔보자. 어떤 여자가 기사에게 말한다.

"11시까지 늦지 않게 차 대기하고, 지난번처럼 과속하지 말아 주세요."

"예, 사모님."

아이의 가정교사에게도 말한다.

"요즘 성적은 어떤가요? 무슨 일이 있어도 SKY에 꼭 가야 해요. 그리 알고 잘 지도해주세요."

"예, 사모님."

은행에 가서도 말한다.

"요즘 수익률 좋은 펀드가 어떤 게 있나요? 좋은 것이 있으면 추천해 주세요."

"예, 사모님."

두 경우에 무슨 차이가 있을까? 이런 말을 하면, "그럼 기도하지 말란 말입니까? 대체 어떤 기도를 해야 합니까?"라고 물을 수 있을 것이다.

다음 문제에 답을 해보자.

목사가 무엇을 하는 사람입니까?
① 교인들이 하는 일을 신령한 방법으로 도와주는 사람입니다.
② 교인들이 신령한 길에서 이탈하지 않도록 지도하는 사람입니다.

이런 문제가 있으면 누구나 ②를 꼽을 것이다. 그럼 문제를 바꿔보자.

기독교가 어떤 종교입니까?
① 우리가 원하는 일이 이루어지도록 도와주는 종교입니다.
② 우리를 신령하게 이끄는 종교입니다.

목사가 어떤 사람이고 기독교가 어떤 종교인지 확인하면 기도가 어떤 것인지도 자연스럽게 확인된다. 기도는 자기 앞가림을 위한 수단이 아니다. 그런데 문제는 대부분의 사람이 돈이나 건강에는 민감하게 반응하면서 영원한 가치에는 무덤덤하다는 사실이다. 예수님은 우리가 잘 먹고 잘살도록 하기 위해서 십자가에 달리신 분이 아닌데도 그런 예수님의 이름으로 엉뚱한 것만 구하면 나중에 예수님이 뭐라고 하실까?

> 여호와께서 내 음성과 내 간구를 들으시므로 내가 그를 사랑하는도다 그의 귀를 내게 기울이셨으므로 내가 평생에 기도하리로다(시 116:1-2)

우리가 하는 기도와 불신자가 하는 기도에 어떤 차이가 있을까? 일단 기도를 하는 대상이 다르다. 하지만 그것뿐이면 왠지 아쉽다. 기도하는 내용은 똑같고 기도하는 대상만 다르다면 우리와 그들의 차이가 무엇일까?

본문에서 시편 기자가 평생 기도한 내용이 무엇일까? 혹시 인근의 모압이나 암몬 족속이 그들의 신 그모스나 밀곰한테 평생 기도한 내용과 아무런 차이가 없을까? 만일 그렇다면 하나님은 무슨 재미로 하나님 노릇을 할까?

어떤 분이 건강원을 개업했다. 그분이 새벽기도를 하는 것을 아는 분이 인사차 말을 건넸다. "이제 새벽마다 장사 잘되게 해달라고 열심히 기도하시겠네요?" 그런 말에는 대부분 "예"라고 하지 않을까? 그런데 "영혼을 구해주신 분께 그런 걸 구하는 것은 너무 죄스럽죠."라고 했다. 그러면 그런 것 말고 어떤 걸 구해야 할까?

김진명 씨의 〈무궁화 꽃이 피었습니다〉는 우리나라가 핵을 보유하는 상황을 설정한 장편소설이다. 핵 개발의 중심인물이 이용후 박사다. 애국심이 뛰어난 재미 과학자인데 박정희 대통령이 핵 개발을 위해서 귀국하게 했다. 요정을 운영하는 신윤미라는 여자도 나온다. 한때 우리나라 정치권에 요정 정치라는 말이 있었다. 신윤기가 운영하는 요정에 박정희 대통령도 출입한다.

신윤미가 이용후 박사를 모시고 경복궁 부근을 거니는데 마침 첫눈이 내렸다. 신윤기가 조용히 소원을 빌었다. 오랫동안 앓아누우신 아버지의 쾌차와 오래전 집을 나간 어머니의 행복, 그해에 대학 입학시험을 치르는 남동생의 합격이 소원이었다. 마침 경호원이 신윤미를 찾았다. 신윤미가 경호원과 얘기를 나누는 동안 이용후 박사가 경복궁 담을 마주하고 조용히 소원을 빌었다. 살며시 다가간 신윤미가 깜짝 놀랐다. 이용후 박사가 비는 소원에 자신을 위한 내용이 하나도 없었기 때문이다. 오로지 우리 동포의 행복과 우리나라의 번영만을 빌었다. 대통령께 존경을 받는 사람은 과연 다르다며 신윤미가 감탄한다.

그 소설에서 이용후 박사가 크리스천의 모범으로 등장한 것이 아니다. 자나 깨나 나라를 걱정하는 과학자다. 그런데도 그런 기도를 했다. 실제 상황이 아니라 소설이라서 가능했을까?

그러면 실제 상황을 예로 들어보자. 초등학교 교사를 그만두고 잡화점을 운영하는 사람이 있었다. 장사가 무척 잘되었다. 그래서 고민이었다. 주변에 다른 가게도 있는데 자기 가게만 잘되는 것은 옳지 않다는 생각 때문이었다. 기도를 시작했다. "하나님, 소중한 이웃과 사랑의 줄이 끊어지는 일이 없게 해 주세요. 사랑의 낙오자가 되지 않게 해주세요." 다음날부터 가게 물건을 1/3 정도만 갖추어 놓았다. 구색도 맞추지 않았다. 손님이 와서 없는 물건을 찾으면 옆 가게에 보냈다.

그렇게 지내니 시간이 남아서 글을 쓰기 시작했다. 5년이 지났다. 아사히신문사가 주최한 1천만 엔 현상 소설 공모에 당선되었는데, 그때 당선된 소설이 〈빙점〉이다. 바로 미우라 아야꼬가 이 이야기의 주인공이다.

정직한 나무꾼이 정직에 대한 보상으로 금도끼와 은도끼도 얻었다는 식으로 생각하지는 말자. 우리가 다니엘을 칭송하는 이유는 사자 굴에서 살아 나왔기 때문이 아니라 사자 굴에 들어간다는 사실을 알면서도 기도했기 때문인 것처럼 미우라 아야꼬 일화를 들으면서 "그래서 〈빙점〉이 나왔구나. 대박이다!"라고 하면 안 된다. "그런 문제로 기도했구나"에 주목해야 한다. 과연 믿는 사람이 구할 만한 기도 제목이다.

이런 예만 있으면 얼마나 좋을까? 부교역자 시절, 수요예배를 마치고 헤어지는 교인끼리 주고받는 말을 들었다. 한 분이 말했다. "요즘 새벽기도 왜 안 나와요? 만물의 마지막이 가까이 왔으니 정신을 차리고 기도하라고 했잖아요. 기도할 제목이 한두 가지예요? 애도 내년에 고 3이죠?"

"만물의 마지막이 가까이 왔으니 그러므로 너희는 정신을 차리고 근신하여 기도하라"라는 말씀은 베드로전서에 있다. 그런데 내년에 애가 고 3이 되지 않느냐는 말이 왜 나올까? 이 세상 마지막이 가까

위도 수험생을 위한 기도는 해야 하는 것일까?

내일 당장 주님이 오신다고 해도 할 수 있는 기도가 어떤 기도일까? 지금 이 세상에서만이 아니라 다음 세상에서도 가치를 갖는 기도가 바로 그렇다. 그러면 문제가 발생한다. 우리가 하는 대부분의 기도는 우리한테만 중요할 뿐, 하나님께는 중요하지 않은 기도이기 때문이다. 대체 어디가 잘못된 것이고, 어디를 고쳐야 할까?

기도를 맺으며

기도에 대한 강의를 하면 늘 나오는 질문이 있다. "이런 것도 기도해도 됩니까?"라는 질문이다. 하나님이 들어주신다면 기도하겠지만 들어주지 않는다면 기도할 필요가 없다는 전제가 깔린 질문이다.

기도를 강의하면서 "기도는 필요한 것을 얻는 신비한 방법이 아니라 하나님과의 연결 통로다"라는 말이 빠졌을 리가 없다. 그런데도 그런 질문이 나오는 이유가 무엇일까? 하기야 어린 나이에는 세배가 세뱃돈을 받는 수단일 수 있다. 세뱃돈을 주지 않으면 세배를 할 이유가 없다. 그런데 몇 살까지 그래야 할까?

라이너 가리아 틸케가 "내 눈을 감겨 주소서. 주님을 볼 수 있도록."이라고 기도했다. 눈을 감아야 주님을 볼 수 있다고 한 이유는 그래야 세상 욕심을 버릴 수 있기 때문이다. 그런데도 한사코 눈을 뜨고 기도하려는 사람이 있다. 차라리 주님을 안 보는 한이 있더라

기도 213

도 세상은 봐야 한다는 사람에게 무슨 말을 하면 알아들을까?

김기석 목사가 그의 책 〈버릴수록 우리를 자유롭게 하는 것들〉에서 믿음으로 산다는 것은 개인의 안일한 행복을 위해 하나님을 동원하는 것이 아니라 하나님의 꿈을 이루기 위해 자신을 주님께 바치는 일이라고 했다. 믿음을 기도로 바꿔도 달라지는 것이 없다. 기도는 자기 앞가림을 위해 하나님을 동원하는 것이 아니다. 하나님의 뜻을 위해 자신을 복종시키는 일이다. 그 일을 위해서 우리는 예수님의 이름으로 기도한다. 기도 말미에 "…예수님의 이름으로 기도드립니다"라고 한다는 뜻이 아니다. 예수님께서 구하실 만한 것을 구하는 것이 예수님의 이름으로 기도하는 것이다.

중고등부를 지도하던 시절, 학생들과 중국집이나 분식집에 간 적이 자주 있다. 간혹 같이 가지 못하고 학생들만 보내기도 했다. 내 이름으로 외상이 가능했다. 그러면 학생들은 평소에 나와 함께 갔을 때처럼 먹으면 된다. 짜장면 곱빼기도 시킬 수 있고 간짜장도 시킬 수 있다. 여러 명이 갔으면 탕수육도 시킬 수 있다. 하지만 "전도사님 안 계시다. 찬스다!" 하는 생각으로 깐쇼새우나 멘보샤를 시키는 것은 곤란하다. 내 이름으로 외상을 하려면 내가 있을 때도 시킬 수 있는 것을 시켜야 한다. 예수님의 이름으로 기도하는 것이 그렇다.

일찍이 아우구스티누스가 한 말이 있다. "무엇을 어떻게 기도할지보다 어떤 부류의 사람이 되느냐가 중요하다." 그 말 그대로다. 기도를 통해서 얻고 싶은 것이 무엇인지, 어떻게 기도해야 응답을 받을 수 있는지가 중요하지 않다. 우리가 어떤 사람이 되는지가 중요하다. 기도할수록 하나님의 사람으로 변모되어야 한다. 우리는 하나님과 유전자를 공유하는 사람들이다.

묵상을 위한 질문

1. 기도 제목 중에 자기를 아프게 하는 일이 아니라 하나님을 아프게 하는 일이 어떤 것이 있는가?

2. 기도는 열심 이전에 분별의 문제이다. 그런데도 열심이 동원되는 것은 자기가 절실하기 때문이다. 차제에 우리가 어떤 일에 절실한지 생각해 보자.

3. 성경은 우리에게 만물의 마지막이 가까이 왔으니 정신을 차리고 근신하여 기도하라고 한다. 내일 주님이 오셔도 기도할 만한 제목이 어떤 것이 있을까?

주일

나는 시골에서 자랐다. 중고등부 예배가 따로 없어서 어른들과 함께 예배를 드렸다. 기도를 맡은 분이 종종 "오늘도 거룩한 안식일에…"라고 해서 주일이 안식일인 줄 알았던 기억이 있다. 간혹 토요일을 안식일로 얘기하기도 하는데 정확한 말이 아니다. 안식일은 금요일 해 진 다음부터 토요일 해 질 때까지를 말한다. 유대인들은 해가 지는 것을 하루가 바뀌는 기준으로 삼았다. 그리고 나란히 있는 흰 실과 검은 실이 구별이 안 되면 해가 진 것으로 간주했다.

안식일을 지키라

하나님이 안식일을 왜 지키라고 하셨을까? 안식일을 지키려면 어떻게 해야 할까?

> 안식일을 기억하여 거룩하게 지키라 엿새 동안은 힘써 네 모든

일을 행할 것이나 일곱째 날은 네 하나님 여호와의 안식일인즉 너나 네 아들이나 네 딸이나 네 남종이나 네 여종이나 네 가축이나 네 문안에 머무는 객이라도 아무 일도 하지 말라 이는 엿새 동안에 나 여호와가 하늘과 땅과 바다와 그 가운데 모든 것을 만들고 일곱째 날에 쉬었음이라 그러므로 나 여호와가 안식일을 복되게 하여 그날을 거룩하게 하였느니라(출 20:8-11)

"하나님이 천지를 창조하실 적에 일곱째 날에 쉬셨다. 그래서 우리도 쉰다."라고 하면 간단한데 그렇지가 않다.

"하나님이 첫째 날 빛을 만들었다. 그래서 우리가 월요일에 일한다. 둘째 날 궁창을 만들었다. 그래서 화요일에 일한다. 셋째 날 땅과 바다를 만들었다. 그래서 수요일에 일한다. 넷째 날 해, 달, 별을 만들었다. 그래서 목요일에 일한다. 다섯째 날 새와 물고기를 만들었다. 그래서 금요일에 일한다. 여섯째 날 짐승과 가축과 사람을 만들었다. 그래서 토요일에 일한다. 하나님께서 이 모든 것을 만드시고 일곱째 날에 쉬셨다. 그래서 우리도 주일에 쉰다."라고 하면 일단 맞는 말 같다. 지금은 주 5일 근무가 일반적이라서 그렇지 않지만 주 5일 근무가 시행되기 전에는 얼마든지 고개를 끄덕일 수 있었을 것이다.

그럼 그다음 날은 어떻게 설명해야 할까? 하나님은 일곱째 날만 쉬신 것이 아니라 여덟째 날, 아홉째 날 계속 쉬셨는데 우리는 주일 다음날은 월요일이고 그다음 날은 화요일이다. 하나님이 쉬셨기 때문에 우리도 쉬는 것이라면 평생 월, 화, 수, 목, 금, 토 엿새만 일하고 계속 쉬어야 한다. 그런데 하나님이 엿새 동안 하늘과 땅과 바다와 그 가운데 모든 것을 만들고 일곱째 날에 쉬셨다고 하면서 우리한테도 쉬라고 한다. 하나님이 일곱째 날 쉬신 것에 뭔가 메시지가 있다는 뜻이다. 그 메시지에 대한 정당한 반응이 우리가 쉬는 것이다.

> 여호와께서 모세에게 말씀하여 이르시되 너는 이스라엘 자손에게 말하여 이르기를 너희는 나의 안식일을 지키라 이는 나와 너희 사이에 너희 대대의 표징이니 나는 너희를 거룩하게 하는 여호와인 줄 너희가 알게 함이라 너희는 안식일을 지킬지니 이는 너희에게 거룩한 날이 됨이니라 그날을 더럽히는 자는 모두 죽일지며 그날에 일하는 자는 모두 그 백성 중에서 그 생명이 끊어지리라 (출 31:12-14)

안식일을 지키라는 말씀을 상당히 강하게 하신다. 안식일을 지키지 않으면 죽이라는 것이다. 하나님이 사소한 문제로 사람을 죽이는 잔인한 분일 수는 없다. 안식일을 지키는 것에 그만큼 엄청난 내용이 담겨 있다는 뜻이다.

신학생 시절, 늘 붙어 다니던 친구들이 있었다. 그중에는 여학생도 있었다. 나한테 오빠라고 불렀다. 요즘은 처음 만난 사이에도 나이를 따져서 오빠라고 부르지만 그 시절에는 그렇지 않았다. "걔는 나하고 오빠, 동생 하는 사이다."라고 하면 어느 만큼 친한 사이인지 설명이 되었다.

하나님이 안식일을 지키라고 하면서 그것이 하나님과 이스라엘 사이의 표징이라고 하셨다. 하나님과 이스라엘은 안식일로 이어진 사이다. 안식일을 지키지 않으면 관계가 달라졌다는 뜻이 된다. 나한테 오빠라고 부르던 여학생이 "강학종 씨!"라고 부르는 것과 같은 격이다. "당신이 무슨 오빠냐? 지금까지 오빠라고 부른 것을 후회한다. 우리는 앞으로 모르는 사이다."라는 의미가 "강학종 씨"라는 호칭에 그대로 담기게 된다.

안식일에 일을 하는 것이 그렇다. 안식일에 일을 하는 것은 마치 혼인예식을 갓 마친 신부가 팔짱 끼기를 거부하는 것과 같다. 안식일에 일을 하지 않는 것이 일종의 메시지이다. 안식일에 일을 하지 않음으로써 하나님이 창조주임을 고백하는 것이다. "하나님이 지으신 세상은 저한테 완벽합니다. 더 이상 손볼 데가 없습니다."라는 고백으로 일을 하지 않는 것이다. 안식일에 일을 하면 죽이라고 하는 이유는 그것이 하나님의 창조 사역을 부인하는 메시지가 되기 때문이다. 안식일을 지키는 것이 하나님께 그만큼 중요했다. 하나님께 중요한 일이면 이스라엘한테도 중요해야 한다.

주후 1948년 5월 14일에 이스라엘이 건국을 선포했다. 흔히 2,000년 만에 나라를 다시 세웠다고 한다. 그런 장구한 세월 동안 나라 없이 지내면서도 유대인의 정체성을 잃지 않은 것이다. 이 사실을 가리켜서 유대인이 안식일을 지킨 것이 아니라 안식일이 유대인을 지켰다고 한다.

이런 내용은 출애굽한 이스라엘의 성막에서 그대로 나타난다. 이스라엘은 항상 성막을 중심으로 움직였다. 진을 칠 때도 성막을 중심으로 이스라엘 열두 지파가 동서남북에 세 지파씩 진을 쳤다. 얼핏 보면 이스라엘이 성막을 지키는 것처럼 보이겠지만 사실은 성막에서 흘러나오는 은혜가 이스라엘을 지킨 것이다.

우리 생각에는 우리가 신앙을 지키는 것 같다. 하지만 살아온 날을 뒤돌아보면 신앙이 우리를 지켰음을 알게 될 것이다. 우리는 하나님을 위하여 신앙을 지켜드리는 사람이 아니다. 하나님께서 신앙을 매개로 우리를 지켜주신다. 그리고 그런 하나님을 믿는다는 고백으로 안식일에는 일을 하지 않는다.

그런데 성경에는 다른 말도 나온다. 예수님이 베데스다 못가에서 삼십팔 년 된 병자를 고친 적이 있는데 마침 안식일이었다. 유대인들이 질책하자, 예수님이 "내 아버지께서 이제까지 일하시니 나도 일한다(요 5:17)"라고 하셨다. 하나님이 무슨 일을 하실까?

성경에는 십계명이 두 번 나온다. 하나님께서 홍해를 건넌 이스라엘을 시내산으로 인도하셔서 십계명을 주셨는데 그 내용이 출애굽기 20장에 있다. 또 모세가 가나안 입성을 앞둔 이스라엘에게 고별설교를 행한 내용이 신명기인데, 그때 그동안 있었던 일을 언급하는 중에 십계명이 나온다. 신명기 5장에 있다.

앞에서 확인한 것처럼 출 20:8-11에서는 "하나님이 엿새 동안 천지를 창조하고 일곱째 날에 쉬었다. 그러니까 안식일을 지켜라."라고 했다. 그런데 신명기 5장에서는 달리 말한다. 하나님이 애굽의 종으로 지내는 이스라엘을 구원하셨기 때문에 안식일을 지키라는 것이다.

> 네 하나님 여호와가 네게 명령한 대로 안식일을 지켜 거룩하게 하라 엿새 동안은 힘써 네 모든 일을 행할 것이나 일곱째 날은 네 하나님 여호와의 안식일인즉 너나 네 아들이나 네 딸이나 네 남종이나 네 여종이나 네 소나 네 나귀나 네 모든 가축이나 네 문안에 유하는 객이라도 아무 일도 하지 못하게 하고 네 남종이나 네 여종에게 너같이 안식하게 할지니라 너는 기억하라 네가 애굽 땅에서 종이 되었더니 네 하나님 여호와가 강한 손과 편 팔로 거기서 너를 인도하여 내었나니 그러므로 네 하나님 여호와가 네게 명령하여 안식일을 지키라 하느니라(신 5:12-15)

하나님이 엿새 동안 천지를 창조했는데 모든 것이 완벽했다. 더 이상 손댈 곳이 없었다. 그래서 일곱째 날에 쉬셨는데 인간이 죄를 범했다. 하나님이 하실 일이 생겼다. 바로 인간을 구원하는 일이다.

이스라엘이 홍해를 건너기 전에는 애굽의 노예였다. 시키면 시키는 대로 해야 했다. 안식일을 지킬 여건이 안 되었다. 그래서 하나님이 안식일을 지킬 여건을 만들어주셨다. "내가 너희를 구원한 하나님이다. 그러니 안식일 지켜라."라는 얘기는 "너희가 안식일을 지킬 수 있도록 하기 위해서 내가 너희를 구원했다"라는 뜻이다. 안식일을 지키지 않는 것은 하나님의 구원 사역을 무시하는 처사가 된다.

각설하고, 안식일을 지키는 것이 하나님의 창조 사역에 대한 고백이라면 "하나님이 만든 이 세상은 저한테 모든 것이 완벽합니다"라는 뜻이고, 하나님의 구원 사역에 대한 고백이라면 "제가 얻은 구원은 전적으로 하나님의 은혜입니다. 저는 아무것도 한 것이 없습니다."라는 뜻인데 공통점은 일을 안 하는 것이다. 안식일을 지키는 행위가 다분히 소극적이다.

실제로 유대인들이 안식일을 그렇게 지켰다. 안식일에 걸을 수 있는 거리, 들 수 있는 무게까지 제한했다. 심지어 바느질도 두 땀까지만 할 수 있었다. 별 걸 다 따진다고 생각할 수 있지만 유대인들한테는 그 정도로 심각한 문제였다. 안식일에는 어떤 일도 하면 안 되었다.

예전에 이스라엘에 갔을 때의 일이다. 마침 안식일이었는데 가이드가 안식일 전용 엘리베이터는 타지 말라고 했다. 유대인들은 안식일이면 엘리베이터 단추를 누르지 않는다. 출 35:3에서 "안식일에는 너희의 모든 처소에서 불도 피우지 말지니라"라고 했는데 엘리베이터 단추를 누르면 불이 들어오기 때문이다. 그래서 모든 층마다 서는 안식일 전용 엘리베이터를 따로 운용한다.

이런 말을 하면 다 혀를 찬다. 그러면 따져 보자. 우리는 안식일 대신 주일을 지킨다. 주님께서 안식 후 첫날 부활하셨기 때문이다. 하나님께서 안식일을 지키라고 하신 이유가 주일에 성취되었다. 예수님을 메시야로 인정하지 않는 유대인들은 안식일을 고집하지만 우리는 다르다. 그러면 우리가 유대인보다 얼마나 나을까?

주후 1095년 11월, 교황 우르반 2세가 이슬람의 지배 아래 있는 성지 예루살렘을 탈환하자는 미명으로 십자군 운동을 제창했다. 그때 외친 구호가 "하나님이 원하신다!"였고, 지원하는 군사가 줄을 이었다.

당시는 라틴어로 된 성경뿐이었다. 강론도 라틴어로 했다. 그런 강론을 누가 알아들을까? 성경도 못 읽고 강론도 뜬구름 잡는 소리뿐이니 하나님에 대해서 무지할 수밖에 없었다. 교황이 "하나님이 원하신다!"라고 하자, 정말 그런 줄 알았다. 그 한마디에 수천, 수만의 사람이 목숨과 재산을 바쳤다.

우리에게는 하나님의 뜻이 어떤 의미를 가질까? 하나님의 뜻이라는 이유로 할 수 있는 일이 어떤 일일까? 혹시 하나님의 뜻이라고 해도 할 수 없는 일이 있지는 않을까?

중세 시대 교인들은 하나님의 뜻을 너무 몰랐다. 그런 상태에서 하나님께 순종한다고 하다가 엉뚱한 일에 인생을 내던졌다. 우리는 다르다. 우리는 그들처럼 무지하지 않다. 그래서 하나님의 뜻에 더 잘 순종하느냐 하면, 그렇지는 않다. 그러면 어느 쪽이 더 바람직할까?

유대인들이 안식일을 지키는 문제에 고스란히 옮길 수 있다. 안식일을 지키는 그들의 열심은 정말 답답할 정도다. 하지만 문제는 유대인이 아니라 우리한테 있다. 우리는 주일을 어떻게 보내고 있을까? 유대인들이 안식일을 지키는 모습은 한심하게 여기면서 우리는 아무 생각 없이 주일을 보내고 있지 않을까?

나는 중학교를 졸업할 무렵부터 교회에 다녔다. 그 시절에는 주일에 돈을 쓰면 안 된다고 배웠다. 요즘은 그런 말을 하면 다 웃을 것이다. 이런 차이가 세상이 변한 때문이면 곤란하다. 하나님 말씀이 변하지 않았기 때문이다. 변화가 있다면 신앙을 지키는 방법에 있어야 한다. 주일에 돈을 쓰는 것이 옳으냐, 그르냐의 문제가 아니라 돈을 안 쓴다면 왜 안 쓰는지, 돈을 쓴다면 왜 쓰는지가 바로 정립되어야 한다.

안식일 vs 주일

주일을 지키기 위한 영국 청교도들의 열심은 상당히 극진하다. 니콜라스 바운드가 그의 책 〈안식일의 참된 교리〉에서 유대인이 안식일을 지키는 것처럼 주일을 지켜야 한다고 했다. 청교도들의 이런 노력으로 1625년에 '주일 준수법'이 통과되었고 1647년에는 〈웨스트

민스터 소요리문답〉에 "모든 신자는 주일에 세상일을 멈추고 안식해야 하며, 오락은 물론이고 모든 세상의 언어와 생각까지도 삼가며 하나님께 예배하는 공적일 뿐만 아니라 사적인 훈련을 온전히 해야 한다."라는 규정이 삽입되었다.

백화점 왕으로 불리는 워너메이커에게서 이런 청교도 신앙을 그대로 엿볼 수 있다. 미국 23대 대통령 해리슨이 워너메이커를 체신부 장관으로 임명할 뜻을 내비치자, 주일을 지킬 수 있는 조건으로 장관직을 수락했다. 기자가 물었다. "장관으로서 국민들과 대통령을 만나는 약속보다 주일 예배 참석을 더 중요하게 여기는 것은 무책임한 처사 아닙니까?" 워너메이커가 대답했다. "주일에 하나님을 예배하는 것은 이미 오래전부터 지켜온 하나님과의 약속입니다. 하나님과의 약속을 소홀히 하면서 어떻게 국민들이나 대통령과의 약속을 지킬 수 있겠습니까?"

워너메이커는 그의 말대로 워싱턴에서 필라델피아까지의 먼 거리를 4년 동안 한 주도 빠지지 않고 그가 출석하던 베다니교회에서 하나님을 예배했다. 그 4년 동안 기차로 여행한 거리가 20만km가 넘는다.

그한테 주일은 하나님의 날이고 하나님께만 영광 돌려야 하는 날이었다. 교회를 위한 사역 외에 어떤 비즈니스도 수행하지 않았다. 사업 초창기부터 주일에는 모든 점포의 문을 닫았고, 백화점 게시판에 "주일에는 아무리 바쁜 일이 있어도 출근하지 마시오"라고 써 놓았다. 주일은 자신만이 아니라 직원 모두가 거룩하게 지켜야 하는 날이었다. 백화점 매상을 위해서 주일에도 영업을 해야 한다는 제의가 있을 때마다 하느님의 날을 세상 재물과 바꾸지 않겠다며 일언지하에 거절했다.

에릭 리들도 그에 못지않다. 영국 육상 선수인 에릭 리들은 1924년 파리 올림픽 100m에서 유력한 금메달 후보였다. 그런데 예선 경기 날짜가 주일이었다. 에릭 리들이 주일에는 달릴 수 없다며 기권을 선언했다. 영국이 발칵 뒤집혔다. 편협한 신앙관에 사로잡혀서 조국을 버린다는 비난이 들끓었다.

에릭 리들은 요지부동이었다. 대신 주 종목인 100m가 아니라 400m에 참가했다. 그의 입상 가능성을 점치는 사람이 아무도 없었다. 예선 기록이 다른 선수에 비해서 0.4초나 뒤졌다. 그런데 모두의 예상을 깨고 47초 6이라는 세계 신기록으로 금메달을 땄다. 나중에 이 내용은 〈불의 전차〉라는 제목의 영화로 만들어지기도 했다.

유대인들이 안식일을 지키는 것처럼 주일에는 어떤 일도 하지 말아야 한다는 사실을 말하고 싶은 것이 아니다. 그런 에릭 리들이 주일이 아닌 날은 어떻게 지냈을지 상상해 보자. 주일을 그렇게 외골수로 지켰으면서 평일에는 다른 사람과 똑같이 보냈을까?

올림픽 육상 400m에서 금메달을 딴 이듬해에 중국 선교사로 떠났다. 그리고 2차 대전이 벌어졌다. 일본은 중국에 거주하는 외국인들을 웨이시엔 수용소에 집단 수용했다. 모두 1만 8천 명이었다.

수용소 시설은 말할 수 없이 열악했다. 그곳에서 에릭 리들은 모두의 본이 되었다. 수용소에서 가장 먼저 일어나서 조용히 기도한 다음 물 긷기, 장작 패기, 석탄 나르기, 화장실 청소 등 온갖 궂은일을 도맡았다. 배고파하는 사람이 있으면 자기 몫의 음식을 나눠주기 일쑤였다. 수용소의 아이들을 모아서 공부와 운동을 가르쳤다. 그렇게 지내던 그가 마흔셋의 나이에 뇌종양으로 하늘의 부름을 받았다. 1945년 2월 21일의 일이다. 6개월가량 후에 전쟁이 끝났고, 수용소에 있던 사람들은 모두 자유의 몸이 되었다.

그들 중에는 수용소에서의 경험을 글로 남긴 사람들도 있었는데, 그 모든 글에 에릭 리들이 등장한다. 데이비드 미첼은 그의 책 〈어느 소년의 전쟁〉에서 에릭 아저씨가 운동 경기를 주관하던 이야기를 썼다. 랭던칼키는 〈산둥수용소 - 압제 속의 남자들과 여자들의 이야기〉에서 "세상에서 성자를 만나는 행운을 갖는 것은 쉬운 일이 아니다. 나에게 그런 행운이 찾아왔다. 그 성자의 이름은 에릭 리들이다."라고 썼다. 노먼 클리프는 〈행복의 길로 가는 안마당〉에서 "에릭은 웨이시엔에서 가장 인품이 좋은 사람이었다. 내가 만난 사람 중에 그토록 깊은 신앙을 간직한 그리스도인은 없었다."라고 썼다. 수용소에 모두 1만 8천 명이나 있었으니 누가 누구인지 어떻게 알까? 그래도 에릭 리들은 모두한테 특별한 사람이었다.

그럴 수밖에 없다. 에릭 리들은 "나는 예수 믿는 사람입니다. 주일에는 달리지 않습니다."라고 신앙을 고백한 사람이다. 그런 그가 다른 사람들과 똑같이 먹을 것을 놓고 다투고 힘든 일이 있으면 뒤로 빠지면서 남과 동등하게 자기 권리를 주장했다면 그것이 오히려 이상한 일이다.

우리한테는 주일이 어떤 날일까? 우선 일을 하지 않는 날이다. 일을 하지 않는 것으로 우리가 신자임을 나타내는 것이다. 그러면 신자임을 나타내는 일은 해야 한다는 말이 성립한다. 예수님이 "내 아버지께서 이제까지 일하시니 나도 일한다"라고 하셨다. 하나님이 하시는 일은 우리 구원을 위한 일이다. 그런 일이라면 우리 역시 적극적으로 나서야 한다. 결국 주일은 최대한 신앙에 힘쓰는 날이 되는 셈이다. 그리고 주일을 그렇게 보낸 사람처럼 평일을 보내야 한다.

시골 교회 목사가 교인 집에 심방을 갔다. 대문을 두드려도 응답이 없었다. 대문이 잠겨 있지 않아서 그냥 들어갔더니 마당에서 빨래를 널고 있었다. "집사님, 안녕하세요?"라고 인사를 했는데도 아무런 대답 없이 하던 일을 계속 했다. 빨래를 다 널고는 부엌으로 갔다. 목사도 따라가면서 "집사님" 하고 불렀는데도 반응이 없었다. 목사는 대화를 시도하기 위해서 계속 말을 건넸다. 거실로 나오면 거실에 따라와서 말을 걸고 방에 들어가면 방에 따라가서 말을 걸었다. 그런데도 계속 투명인간 취급이었다. 하루 종일 그렇게 했고 다음날도 마찬가지였다. 또 다음날이 되었지만 달라지는 것이 없었다.

주일이 되었다. 그 교인이 교회 입구에서 목사를 보고 반갑게 인사했다. "목사님, 안녕하세요?" 그럼 목사가 뭐라고 해야 할까? "저는 지난 일주일 동안 계속 집사님께 말을 걸었습니다. 그런데도 저한테 조금도 관심을 보이지 않더니 오늘에야 아는 척을 하는군요."라고 하지 않을까? 이것이 우리가 주님을 대하는 방식이다.

이런 문제가 해결되려면 삶의 목적이 바로 정립되어야 한다. 프란시스 쉐퍼 목사가 한 말이 있다. "당신은 무엇을 위해 살아가십니까? 혹시 행복을 위해서 살아가십니까? 그렇다면 당신은 불신자와 똑같은 사람입니다. 우리는 거룩을 위해서 살아야 합니다." 행복하게 살 수 있는 권리를 포기하라는 뜻이 아니다. 철없는 아이들은 자기가 원하는 일을 하는 것보다 부모가 원하는 일을 하는 것이 자기 인생에 훨씬 도움이 되는 것과 같다. 우리의 참 행복은 하나님과의 관계가 바로 정립되는 데서 시작된다. 하나님이 이 세상의 주인이고 우리가 그분의 피조물이기 때문이다.

성수주일

그러면 주일을 어떻게 지키면 될까? 이스라엘이 애굽의 노예로 전락해서 안식일을 지킬 수 없게 되자, 하나님께서 적극적으로 개입하셔서 안식일을 지킬 수 있게 만들어주셨다. 그러면 주일도 당연히 적극적으로 지켜야 한다. 안식일이 선을 행하고 생명을 살리는 날이라면 주일 역시 그렇다. 우리가 신자라는 사실을 최대한 나타내는 날이다. 우리에게 있는 신앙을 주일에도 나타내지 않으면 언제 나타낸단 말인가?

성수주일이라는 말이 있다. 주일을 거룩하게 지킨다는 뜻이다. 주일을 어느 만큼 거룩하게 지키면 거룩하게 지켰다고 할 수 있을까? 질문을 바꿔보자. 부모님께 어느 만큼 효도하면 효도했다고 할 수 있을까? 일 년에 한 번 어버이날에 카네이션 달아드리고 용돈 드리는 것으로 효도했다고 하는 사람은 없을 것이다. 그런데 주일낮예배 참석하는 것으로 주일 성수했다고 하는 경우가 왕왕 있다. 설다 안식일을 기억하여 거룩하게 지키라는 말씀이 안식일에는 회당을 빼먹지 말라는 뜻일까?

예수님이 안식일에 선을 행하는 것과 악을 행하는 것, 생명을 구하는 것과 죽이는 것 중에서 어느 것이 옳으냐고 물은 적이 있다. 안식일은 두 손, 두 발 묶고 아무것도 안 하면 100점인 날이 아니다. 적극적으로 선을 행하는 날이다. 우리한테 주일이 그런 날이어야 한다.

주일을 지킨다는 얘기는 "하나님의 은혜로 구원받은 천국 백성임을 나타냈느냐?"라는 차원에서 따져야 한다. 적어도 주일 하루만큼은 마음을 다하고 성품을 다하고 힘을 다해서 하나님을 사랑하면서 보내야 한다.

하나님은 당연히 죽어야 할 우리 대신 아들을 죽이셨다. 근본 하나님이신 예수님께서 우리처럼 되셔서 십자가에 달려 죽으셨다가 부활하심으로 우리를 구원하셨다. 그런 놀라운 사랑의 결과로 우리가 주일을 보내고 있다. 그러면 적어도 주일은 주님을 위해서 무엇을 해도 모자란 날이고 무엇을 해도 송구스러운 날이다. "이만하면 됐다"라고 할 수 있는 날이 아니다.

완성을 바라보며

나는 불신 가정에서 자랐다. 아마 고 1 때였을 것이다. 교회에 갈 차비를 차리는데 형이 말했다. 당시 형은 대학생이었는데 미션스쿨에 다녔다. "안식일인데 집에서 쉬지, 교회에는 왜 가냐?"

나 역시 한동안 주일이 안식일인 줄 알았으니 형이 주일을 안식일로 말한 것은 이상한 일이 아니다. 그리고 사람들은 안식에서 쉬는 것을 떠올린다. 안식일에는 아무 일도 하지 말라고 했으니 그럴 수 있다. 하지만 하나님이 일곱째 날에 안식하신 것은 모든 것이 완벽해서 더 이상 하실 일이 없었기 때문이다. 즉 우리가 안식에서 떠올려야 할 것은 휴식이 아니라 완성이다.

> 여호와의 종 모세가 너희에게 명령하여 이르기를 너희의 하나님 여호와께서 너희에게 안식을 주시며 이 땅을 너희에게 주시리라 하였나니 너희는 그 말을 기억하라(수 1:13)

이스라엘이 홍해를 건넌 것은 애굽에서 나오기 위한 것이 아니라 가나안에 가기 위한 것이다. 하나님이 이스라엘에게 가나안 땅을 유업으로 주셨다. 본문은 그것을 하나님께서 이스라엘에게 안식을 주신 것으로 설명한다.

구원의 세 단계인 칭의, 성화, 영화가 이스라엘의 출애굽에 그대로 나타난다. 홍해를 건너서 신분이 바뀐 것은 칭의, 광야를 걸을수록 가나안이 점점 가까워지는 것은 성화, 가나안에 들어가서 젖과 꿀이 흐르는 삶을 누리는 것은 영화다. 그 영화를 안식으로 얘기한 것이다.

이런 내용을 놓고 히브리서에서는 "그러므로 우리는 두려워할지니 그의 안식에 들어갈 약속이 남아 있을지라도 너희 중에는 혹 이르지 못할 자가 있을까 함이라 그들과 같이 우리도 복음 전함을 받은 자이나 들은바 그 말씀이 그들에게 유익하지 못한 것은 듣는 자가 믿음과 결부시키지 아니함이라(히 4:1-2)"라고 한다.

히브리서 독자들은 기독교 신자들이다. 복음 전함을 받은 사람들이다. 우리는 흔히 예수님을 복음이라고 한다. 그런데 출애굽 당시의 이스라엘도 복음 전함을 받았다고 한다. 그들한테는 애굽의 노예 상태에서 구원하여 가나안에 이르게 하겠다는 말씀이 복음인 셈이다. 하지만 그 말씀이 그들에게 아무 유익도 끼치지 못했다. 전부 광야에서 죽고 말았다. 애굽에서는 나왔는데 하나님의 안식에는 들어가지 못했다. 복음 전함은 받았지만 믿음과 결부시키지 않았기 때문이다.

대체 어떤 믿음일까? 정탐꾼 얘기를 듣고도 낙담하지 않는 믿음이다. "무슨 말이냐? 가나안은 하나님이 주신다고 약속한 땅이다. 그곳 원주민이 아무리 강대해도 하나님의 약속이 있지 않으냐?"라고 하는 것이 그들한테 필요한 믿음이었다.

그들은 분명히 복음을 들었다. 하지만 복음을 들었다는 사실 자체가 안식으로 직결되는 것은 아니었다. 하나님의 안식에 들어가려면 믿음이 있어야 했다. 어쩌면 그들은 자기들이 홍해를 건넌 것으로 할 일을 다 한 것으로 생각했을 수 있다. 가나안 원주민과 싸우는 골치 아픈 일은 생각해본 적도 없다.

이 내용을 히브리서 독자들한테 옮기면 어떻게 될까? 그들도 복음을 들었다. 하지만 그것이 전부가 아니다. 하나님이 예비하신 안식에 이르려면 믿음이 있어야 한다. 그 믿음은 주어진 상황에 신앙으로 맞서는 것을 포함한다. 쉽지 않다. 하지만 출애굽 1세대 이스라엘이 가나안 원주민과의 싸움을 지레 포기했던 것처럼 할 수는 없다. 그 싸움을 싸우면 믿음이 있는 것이고, 그 싸움을 포기하면 믿음이 없는 것이다.

이런 내용을 말하면서 "만일 여호수아가 그들에게 안식을 주었더라면 그 후에 다른 날을 말씀하지 아니하셨으리라(히 4:8)"라고 한다. 여호수아가 출애굽 2세대를 가나안 땅으로 인도했는데 그것이 안식을 준 것이라면 현재 팔레스타인에 있는 이스라엘은 전부 안식을 누리고 있어야 한다. 그런데 그게 아니다. 가나안에 들어가 산다는 이유만으로 하나님의 안식이 저절로 주어지는 것이 아니라는 뜻이다.

> 이미 그의 안식에 들어간 자는 하나님이 자기의 일을 쉬심과 같이 그도 자기의 일을 쉬느니라 그러므로 우리가 저 안식에 들어가기를 힘쓸지니(히 4:10-11a)

안식은 휴식의 개념이 아니라 완성의 개념이다. 하나님이 일을 쉰 것은 창조 사역을 완성했기 때문이다. 더 이상 할 일이 남아 있지 않다는 선언이다. 우리한테도 그런 날이 있다.

성경이 말하는 안식은 구원의 완성이다. 하나님이 왜 안식일을 기억하여 거룩하게 지키라고 했는가 하면, 우리한테 주어진 모든 날 동안 우리가 구원의 완성을 위하여 힘써야 하기 때문이다. 우리한테는 그보다 더 중요한 일이 없다. 그래서 성경은 우리한테 안식에 들어가기를 힘쓰라고 한다. 우리가 주일을 보낼수록 구원의 완성에 점점 가까워져야 한다. 그것이 우리의 주일이다.

묵상을 위한 질문

1. 주일이 어느 만큼 특별한 날일까? 주일이라는 이유로 하는 일이 있다면 어떤 일이고, 하지 않는 일이 있다면 어떤 일일까?

2. 주일을 보내는 그런 모습이 평일에는 어떻게 연결될까?

3. 성경이 말하는 안식은 휴식의 개념이 아니라 완성의 개념이다. 구원의 완성을 누리는 것이 안식이다. 우리가 보내는 주일이 구원의 완성과 어떤 관계가 있을까?

권말 부록 - 절기

행주대첩, 진주대첩, 한산대첩을 임진왜란 3대 대첩이라고 한다. 셋 다 임진왜란의 향배를 좌우하는 전투였다. 어느 전투가 더 중요했다거나 덜 중요했다고 말하기 곤란하다.

유월절, 맥추절, 수장절을 이스라엘의 3대 절기라고 하는 것은 어떨까? 유월절은 이스라엘이 애굽에서 구원 얻은 것을 기념하는 절기이고, 맥추절은 밀 수확을 감사하는 절기이고 수장절은 한 해 농사한 모든 수확물을 창고에 수장한 다음에 지키는 절기이다. 맥추절이나 수장절을 유월절과 동급으로 얘기하는 것은 아무래도 어색하다. 농작물을 수확한 것이 아무리 중요해도 구원 얻은 것에 견줄 만큼 중요할까?

나는 시골에서 자랐다. 추수감사주일이면 교인들이 직접 수확한 농작물로 강단을 장식하곤 했다. 그 시절에는 추수감사주일이면 자연스럽게 추수에 대한 감사가 떠올랐다.

시대가 바뀌었다. 이제는 대부분 도시 생활을 한다. 그래서 시장에서 과일을 사다가 강단을 장식한다. 게다가 요즘은 제철이 따로 없을 만큼 온갖 과일이 다 있다. 사과, 배, 수박, 복숭아, 포도, 감, 바나나, 파인애플, 멜론, 귤, 체리, 무화과, 망고, 키위는 물론이고 심지어 두리안까지 아주 다양하다.

감사 제목은 어떻게 될까? 예전에는 자기가 수확한 것을 감사했다. 그렇다고 해서 이제는 시장에서 과일을 사 올 수 있는 것을 감사할 수는 없다. 그래서 지난 1년간 받은 은혜에 감사하는 날이라고 한다.

한 해 수확물에 대해서 신께 감사를 드리는 의식은 고대사회에도 있었다. 고구려의 동맹이나 부여의 영고가 바로 그렇다. 성경이 말하는 수장절과 고구려의 동맹, 부여의 영고 사이에 어떤 차이가 있을까?

기도로 바꿔보자. 새벽마다 정화수를 떠 놓고 치성을 드리던 사람이 교회에 다니게 되었다. 매일 치성을 드리던 열심으로 새벽기도를 한다. 소원을 아뢰는 대상이 달라진 것이다. 잡신한테 기도하다가 하나님께 기도하는 것은 바람직한데 그러면 기도하는 내용은 어떻게 될까? 혹시 기도하는 내용이 예전 그대로라면 그 사람한테 기독교는 어떤 종교일까? 자기 소원이나 이뤄주는 종교일까?

먼저 알아야 할 사실이 있다. 성경은 바른생활 교과서가 아니다. 우리는 성경을 통해서 바른생활 교훈을 얻을 것이 아니라 구원을 알아야 한다. 추수감사절 역시 구원과의 관계에서 생각해야 한다. 이 사실을 놓치면 감사가 옹색하게 된다. 추수감사절이라고 하는데 농사를 안 지으니 추수한 것이 없다. 별수 없이 '1년 동안 건강 주셔서 감사합니다", "가정을 돌봐주셔서 감사합니다"처럼 감사 제목을 만들어야 한다.

주후 1620년 12월 11일, 102명의 청교도를 태운 메이플라워호가 지금의 뉴잉글랜드 지방에 도착했다. 종교의 자유를 찾아 이주한 사람들이다. 땅을 일구고 씨를 뿌렸다. 하지만 새로 이주한 땅은 그들에게 우호적이지 않았다. 이듬해 가을이 될 때까지 괴혈병과 폐렴 등으로 46명이 세상을 떠났다. 살아남은 사람들은 추수를 했는데, 석 달 정도 먹을 수 있는 양이었다. 그해 겨울을 간신히 넘길 수 있다는 뜻이다. 추수를 마친 다음 모두 감사의 예배를 드렸다.

그들이 무엇을 감사했을까? "풍성한 수확을 주셔서 감사합니다"라고 하기에는 수확물이 너무 옹색하다. 그것으로 겨울을 나면 내년 봄에는 무엇으로 연명해야 할지 암담한 상황이다. 동료 중에 46명이나 죽었는데 자기들은 살아남게 해주셔서 감사하다고 하는 것도 구차하다. 그들이 감사할 내용은 하나뿐이다. "전에는 신앙의 자유가 없어서 하나님을 제대로 예배할 수 없었는데 이제는 마음껏 하나님을 예배할 수 있게 되었으니 감사합니다."이다.

예전에 아동부 추수감사예배에 참관한 적이 있다. 전도사가 설교 중에 말했다. "오늘은 추수감사주일입니다. 하나님께 감사하는 날입니다. 무엇을 감사해야 할까요? 우선 부모님 주신 것을 감사해야 하겠죠? 또 학교생활 잘하게 해주신 것도 감사해야 하고, 친구들과 잘 지낼 수 있게 해주신 것도 감사해야 합니다."

뭔가 아쉬웠다. 하나님께서 무엇을 감사하라고 하셨는지 성경에서 찾아야지, 감사할 내용을 자기가 정하는 법이 어디 있을까?

> 네 하나님 여호와께서 네게 주신 땅에서 그 토지의 모든 소산의 만물을 거둔 후에 그것을 가져다가 광주리에 담고 네 하나님 여호와께서 그의 이름을 두시려고 택하신 곳으로 그것을 가지고 가서 그때의 제사장에게 나아가 그에게 이르기를 내가 오늘 당신의 하나님 여호와께 아뢰나이다 <u>내가 여호와께서 우리에게 주시겠다고 우리 조상들에게 맹세하신 땅에 이르렀나이다 할 것이요</u>(신 26:2-3)

출애굽한 이스라엘이 가나안 접경에 이르렀다. 이제 요단강만 건너면 가나안이다. 그런데 모세는 가나안에 들어가지 못한다. 그래서 마지막으로 신신당부한 기록이 신명기다.

그런 신명기에서 "이제 들어갈 땅은 젖과 꿀이 흐르는 땅이다. 너희들이 지금까지는 농사를 지을 수 없었지만 그곳에서는 농사를 짓게 된다. 농사를 짓고 수확물을 거두거든 첫 번째로 거둔 수확물을 가지고 하나님께 감사드려라. 뭐라고 감사하느냐 하면, '저희가 하나님께서 저희 조상들에게 주신다고 약속하신 바로 그 땅에 살고 있습니다'라고 감사드려라."라고 당부한다.

당시 이스라엘은 사십 년 동안 광야 생활을 했다. 한곳에 정착해서 산 것이 아니니 농사를 지을 여지가 없었다. 하지만 가나안에 들어가면 심은 만큼 거두고 뿌린 만큼 수확할 수 있는 환경이 마련된다.

본문이 그 얘기를 하고 있다. "저희가 이처럼 풍성한 수확을 얻었습니다. 모든 것이 하나님의 은혜입니다."가 아니다. "하나님께서 저희를 이곳으로 인도하셨고, 저희는 하나님이 인도하신 곳에 살고 있습니다. 보십시오. 이것이 그 징표입니다."라고 해야 한다.

유월절부터 다시 얘기해보자. 히브리력으로 1월 14일이 유월절이다. 한자로 '넘을 유(逾)', '넘을 월(越)'을 쓴다. 유월절이라는 이름 때문에 6월에 있는 절기로 오해할 수 있는데 예전 성경에는 '넘는절'로 번역되어 있었다.

유월절 다음날인 1월 15일부터 21일까지는 무교절이다. 기간이 일주일이기 때문에 중간에 안식일이 있게 마련이다. 그 안식일 다음날이 초실절이다. 예수님이 우리를 위한 부활의 첫 열매인 것을 보여준다. 유월절 어린양으로 십자가에 달리신 예수님이 안식 후 첫날, 주일에 부활하셨다.

유대의 구전 율법을 모아 놓은 〈미슈나〉에 따르면, 초실절에 봉헌하는 보리는 갈릴리 북쪽 게네사렛 지방에서 수확한 것이라고 한다. 해발 760m 지역인 예루살렘은 게네사렛보다 한두 달 늦게 보리를 수확한다. 게네사렛을 시작으로 보리 수확이 점차 다른 지역으로 확

산되는 것이다.

> 그러나 이제 그리스도께서 죽은 자 가운데서 다시 살아나사 잠
> 자는 자들의 첫 열매가 되셨도다(고전 15:20)

게네사렛의 보리를 시작으로 다른 지역의 보리가 익어가는 것처럼 예수님의 부활에 이어 우리도 부활할 것이다. 예수님이 부활의 첫 열매이고 우리가 두 번째, 세 번째, 네 번째 열매이다.

초실절에서 칠 주를 일곱 번 계수한 다음날이 맥추절이다. 칠 주를 일곱 번 계수한다고 해서 칠칠절, 칠 주를 일곱 번 계수한 다음날 지킨다고 해서 오순절이라고도 한다.

맥추절(麥秋節)의 맥(麥)은 보리 맥이다. 그래서 보리를 추수하는 절기로 얘기하기도 하는데, 이때 수확하는 것은 보리가 아니고 밀이다. 또 추수를 우리말로 가을걷이라고 한다. 벼는 추수하는 게 맞지만 보리나 밀은 추수할 재간이 없다. 룻기에 보리 추수, 밀 추수가 나오는데 성경 번역의 오류이다. 보리를 대맥(大麥)이라고 하고 밀을 소맥(小麥)이라고 한다. 맥(麥)이라고 해서 항상 보리가 아니다.

이스라엘에서는 봄에 보리와 밀을 수확한다. 칠 주를 일곱 번 계수하는 기간 동안 보리와 밀을 수확하는 것이다. 또 가을에는 포도, 무화과, 올리브, 석류, 대추야자를 수확한다. 가을걷이가 끝나면 수장절을 지키게 된다. 수확(收穫)한다고 하는 '수(收)'와 저장(貯藏)한다

고 하는 '장(藏)'을 쓴다.

〈미슈나〉에 오순절을 지키는 모습이 설명되어 있다. 오순절이 되면 농부들이 석류나무와 포도나무의 가지를 묶어서 "이것이 첫 열매다!"라고 외친다. 아직 열매도 제대로 맺지 않은 가지를 묶어서 첫 열매를 얘기하는 셈이다. 우물에서 숭늉 찾는 격이 아니다. 보리와 밀을 수확했으니 과일을 수확할 날을 기다리는 것이다. 오순절은 봄 수확을 마친 다음 가을 추수를 기다리면서 지키는 절기다.

우리는 오순절에서 성령 강림을 떠올린다. 예수님이 승천하신 다음 제자들은 마가 다락방에 모여서 기도에 힘썼다. 홀연히 하늘로부터 급하고 강한 바람 같은 소리가 있어 그들이 앉은 집에 가득했다. 성령님으로 말미암은 새 언약의 시대가 시작되었다.

> 안식일 이튿날 곧 너희가 요제로 곡식 단을 가져온 날부터 세어서 일곱 안식 일의 수효를 채우고 일곱 안식일 이튿날까지 합하여 오십 일을 계수하여 새 소제를 여호와께 드리되 너희의 처소에서 십분의 이 에바로 만든 떡 두 개를 가져다가 흔들지니 이는 고운 가루에 누룩을 넣어서 구운 것이요 이는 첫 요제로 여호와께 드리는 것이며 (레 23:15-17)

무교절에는 누룩 넣지 않은 떡을 먹는다. 그런데 오순절에 바치는 떡에는 누룩을 넣는다. 누룩은 주로 죄를 상징하지만 항상 그렇지는 않다. 누룩이 죄를 상징하는 이유는 부풀리는 성질 때문인데, 부풀리는 것이 무조건 나쁜 것일 수는 없다.

오순절은 새로운 시대의 시작을 선포하는 절기다. 성령 강림으로 구약과 신약만 구별되는 것이 아니라 신자와 불신자도 구별된다. 성령님이 내주하시면 신자이고 그렇지 않으면 불신자이다. 불신자의 모습을 부풀리는 것은 좋지 않지만 신자 된 모습을 부풀리는 것은 얼마든지 무방하다. 가급적 많이 부풀려야 한다.

초실절이 우리를 위한 부활의 첫 열매이신 예수님을 보여준다면 맥추절은 예수님의 사역으로 말미암은 첫 열매를 보여준다. 오순절에 성령님이 강림하신 것이 바로 그렇다. 곡물이 떡으로 연결되는 것처럼 예수님의 부활이 성령 강림으로 이어진다.

전승에 따르면 모세가 십계명을 받은 날이 출애굽 50일째 되는 날이었다고 한다. 계명이 주어져야 하나님의 백성으로 살 수 있는 것처럼 오순절 성령 강림으로 우리가 비로소 신자로 살 수 있게 되었다. 그러면 우리가 맥추감사절을 지키는 이유는 신자로 살 수 있게 되었기 때문이다.

7월 15일부터 일주일 동안은 수장절이다. 한 해 농사한 모든 수확물을 창고에 저장한 다음에 지키는 절기인데, 이 기간 동안 출애굽한 이스라엘이 광야에서 초막(장막) 생활을 한 것을 기념해서 초막(장막)에서 지낸다. 그래서 초막절, 또는 장막절이라고도 한다. 이 땅에서 나그네로 살아가는 우리의 모습을 보여준다. 비록 초막에서 지낼 망정 창고 가득 수확물이 있으니 절대 궁핍한 신세가 아니다. 그 모든 것이 우리를 위해서 예비 된 하늘 보화를 상징한다.

  부여의 영고나 고구려의 동맹을 어떻게 지켰을까? 아니, 그보다도 그런 행사를 하라고 누가 일러줬을까? 사람들한테는 종교적인 본성이 있다. 그 본성에 따라서 그런 행사를 한 것이다. 그 행사를 어떤 식으로 진행할지, 그런 행사를 통해서 무엇을 기대할지 자기들이 정하면 그만이다.

  초막절은 그렇지 않다. 하나님께서 지침을 주셨다.

> 너희가 토지소산 거두기를 마치거든 일곱째 달 열닷샛날부터 이레 동안 여호와의 절기를 지키되 첫날에도 안식하고 여덟째 날에도 안식할 것이요 첫날에는 너희가 아름다운 나무 실과와 종려나무 가지와 무성한 나무 가지와 시내 버들을 취하여 너희의 하나님 여호와 앞에서 이레 동안 즐거워할 것이라 너희는 매년 이레 동안 여호와께 이 절기를 지킬지니 너희 대대의 영원한 규례라 너희는 일곱째 달에 이를 지킬지니라 너희는 이레 동안 초막에 거주하되 이스라엘에서 난 자는 다 초막에 거주할지니 이는 내가 이스라엘 자손을 애굽 땅에서 인도하여 내던 때에 초막에 거주하게 한 줄을 너희 대대로 알게 함이니라 나는 너희의 하나님 여호와이니라 (레 23:39-43)

6월이면 6·25 음식 먹기 체험 행사를 한다. 그런 행사를 하기 위해서는 조건이 있다. 지금이 6·25 때보다 살기 좋아야 한다.

초막절이 그렇다. 광야에서 초막 생활을 한 조상을 두었다는 이유로 초막절을 지킬 수 있는 것이 아니라 초막절을 지킬 만한 삶을 살고 있어야 초막절을 지킬 수 있다. 즉 토지소산이 있어야 한다.

뭔가 이상한 점이 있다. 과거의 고생을 기억하자는 뜻이면 초막을 만드는 재료에서도 고생의 이미지가 나타나야 하지 않을까? 그러면 찔레나 엉겅퀴가 제격이다. 그런데 아름다운 나무 실과와 종려나무 가지와 무성한 나무 가지와 시내 버들이 나온다. 초막인데도 풍성하고 여유롭게 보인다.

그럴 만하다. 이들은 길거리에 나앉은 난민이 아니다. 초막에서 지내기는 하지만 창고에는 수확물이 가득하다. 일 년 중 가장 풍요로운 시기다.

왜 하필 그런 시기에 초막절을 지킬까? 6·25 음식 먹기 체험 행사를 6월에 하는 이유는 6·25가 6월에 일어났기 때문이다. 그러면 초막절은 왜 하필 가장 풍요로울 때 지킬까? 풍요로울수록 어려웠던 시절을 잊기 쉽기 때문일까?

6·25 음식 먹기 체험 행사 때는 소금으로만 간을 한 주먹밥이나 보리개떡, 수제비를 먹게 된다. 워낙 형편이 어려워서 그런 것 말고는 먹을 게 없었다. 하지만 홍해를 건넌 이스라엘이 초막 생활을 한 것은 광야가 그들의 삶의 터전이 아니었기 때문이다. 광야는 가나안에

가기 위한 경유지다.

지금과 6·25 당시를 비교하면 가장 먼저 대조되는 것이 경제 수준이다. 그러건 이스라엘이 1년 동안 농사지은 것을 수확한 다음과 출애굽 당시 광야에서 초막 생활을 하던 때를 대조했을 때 가장 두드러지는 차이가 무엇일까? 풍족과 궁핍이 아니다. 가나안 땅에 들어가 살고 있느냐, 아직 가나안 땅에 들어가지 못했느냐 하는 것이다.

주목할 만한 사실이 또 있다. 7월 15일부터 일주일이 초막절이다. 그러면 7월 21일로 끝나야 한다. 그런데 "너희가 토지소산 거두기를 마치거든 일곱째 달 열닷샛날부터 이레 동안 여호와의 절기를 지키되 첫 날에도 안식하고 여덟째 날에도 안식할 것이요"라고 한다. 민수기에서도 마찬가지다. 민 29:12-38에 수장절에 드리는 제물이 날짜별로 설명되어 있는데, 그중에는 여덟째 날에 드리는 제물도 있다. 절기는 칠 일이라고 하면서 팔 일째를 얘기한다.

하나님께서 엿새 동안 천지를 창조하시고 칠 일째 되는 날 안식하셨다. 6의 결과로 7이 있다. 그러면 7 다음이 오는 8은 무엇일까? 천지를 창조한 다음 "보시기에 심히 좋았더라"라고 하실 만큼 모든 것이 완벽했는데 추가로 해야 할 일이 생겼다. 우리를 구원하는 일이다.

사내아이가 태어나면 8일 만에 할례를 행한다. 구원받은 하나님의 백성이라는 징표다. 나병이 나으면 8일째 날에 제사장을 찾아가서 제사를 드렸다. 성경에서 나병은 죄를 나타낸다. 그런 나병이 나앉다는 얘기는 죄에서 놓여났다는 뜻이다. 즉 구원받았다는 얘기다. 7이 창조를 나타낸다면 8은 구원을 나타낸다.

초막절을 이레 동안 지키라고 하면서 여덟째 날을 말하는 이유가 여기에 있다. 초막절이 말하는 내용이 우리 구원의 완성이기 때문이다. 초막 생활은 우리가 이 세상에서 나그네로 살아간다는 사실을 나타내고, 창고에 가득한 수확물은 장차 우리가 누릴 하늘 영광의 풍성함을 나타낸다. 그러면 우리는 매해 추수감사절마다 우리가 신자로 살아서 얻은 결과를 확인해야 한다. 그 옛날 이스라엘이 타작마당과 포도주 틀의 소출로 감사했다면 우리는 신자로 살면서 쌓은 하늘 보화로 감사해야 한다.

비단 추수감사절만이 아니다. 성경은 구원을 설명하는 책이라는 사실을 명심해야 한다. 당연한 얘기를 왜 하느냐 싶을 수 있지만 그렇지 않다. 예수를 믿는다고 하면서도 관심이 이 세상에 머무를 수 있기 때문이다. 그러면 감사하는 내용도 그렇게 될 수밖에 없다. 감사가 우리한테 주어진 현상에 대한 자연스런 반응이 아니라 궁극적인 결과를 내다보는 신앙고백인 것을 모른다. 풍년이 들어야 감사하고 돈을 벌어야 감사하고 병이 나아야 감사한다. 자기가 하나님께서 원하시는 인생을 살고 있다는 감사가 없다. 무조건 자기가 원하는 일이 이루어져야 감사한다. 원하는 대로 일이 이루어지지 않으면 불평을 할 수도 있다는 뜻이다.

초막절을 지키는 또 다른 모습을 보자.

> 너희 타작마당과 포도주 틀의 소출을 거두어들인 후에 이레 동안 초막절을 지킬 것이요 절기를 지킬 때에는 너와 네 자녀와 노비와 네 성중에 거주하는 레위인과 객과 고아와 과부가 함께 즐거워하되 너 하나님 여호와께서 택하신 곳에서 너는 이레 동안 네 하나님 여호와 앞에서 절기를 지키고 네 하나님 여호와께서 네 모든 소출과 네 손으로 행한 모든 일에 복 주실 것이니 너는 온전히 즐거워할지니라(신 16:13-15)

본래 초막에서 지내는 것은 형편이 곤궁하기 때문이다. 그런데 이스라엘의 초막절은 그렇지 않다. 몸은 초막에 있지만 자리에 누워서 창고 안에 있는 것들을 떠올리면 절로 입이 벌어진다.

민 29:12-38에 이 기간에 드리는 제물이 설명되어 있다. 제물 규모가 모든 절기 중에 단연 으뜸이다. 그럴 수밖에 없다. 한 달에 100만 원 벌었을 때와 1,000만 원 벌었을 때의 헌금 액수가 같으면 안 된다. 그렇다고 해서 하나님께만 잘 보이면 되는 것이 아니다. 그래서 노비, 레위인, 객, 고아, 과부를 얘기한다. 수확이 없는 사람도 수확이 있는 사람이 누리는 기쁨을 같이 누릴 수 있어야 한다

적어도 우리에게 신앙이 있으면 그 신앙이 다른 사람에게 도움이 되어야 한다. 예수를 믿는다고 하면서도 주일예배 참석만 따지는 것은 옹색한 일이다. 하다못해 아르바이트를 해서 월급을 받아도 주변 친구들이 덩달아 좋아하는 법인데 우리에게 있는 신앙이 주변 사람

에게 도움이 안 되는 것은 말이 안 된다.

그런데 그런 날을 왜 초막절이라고 할까? 초막절이나 수장절이나 같은 날인 것은 맞다. 풍성한 수확에 초점이 있으면 수장절이고, 초막에서 지낸다는 사실에 초점이 있으면 초막절이다. 그러니 "너희 타작마당과 포도주 틀의 소출을 거두어들인 후에 이레 동안 수장절을 지킬 것이요"라고 하는 것이 어울릴 것 같은데, "너희 타작마당과 포도주 틀의 소출을 거두어들인 후에 이레 동안 초막절을 지킬 것이요"라고 한다.

풍성한 소출을 얻기까지 어떤 일이 있었을까? 보나마나 새벽부터 밭에 나가서 해가 떨어질 때까지 일했을 것이다. 그러면 수장절을 지키면서 그렇게 일하던 시간을 회상할 만하다. 그런데 초막절을 얘기한다. 애굽에서 나온 다음 초막에서 지냈는데 그 일이 이렇게 귀결되었다는 것이다. 여름 동안 흘린 땀이 풍성한 수확으로 연결된 것이 아니라 출애굽 역사가 풍성한 수확으로 귀결되었다.

이스라엘이 홍해를 건넌 것은 우리의 구원을 상징한다. 그러면 가나안 땅에서 얻은 풍성한 소출은 우리가 얻은 구원이 얼마나 복된 것인지 보여준다. 초막에서 지내는 것은 우리가 지금 나그네로 살고 있다는 뜻이다. 창고에 가득한 수확물은 우리를 위해서 예비된 천국 복락이다. 이런 사실을 감안하면 추수감사절은 한 해 동안 받은 은혜를 감사하는 날이 아니다. "하나님이 햇빛과 비를 주셔서 이 모든 것을 추수했습니다. 감사합니다."라고 하는 날은 더더욱 아니다. 우리가 누구인지 확인하는 날이다.

　씨를 뿌리면 열매를 맺는 것이 자연의 법칙일까? 우리가 사는 세상은 사망의 원리가 지배한다. 생명과 사망이 싸우면 늘 사망이 이긴다. 물리학에서는 엔트로피법칙이라고 한다. 세상의 모든 것이 질서에서 무질서로 진행한다. 세월이 지나서 돌담이 무너질 수는 있어도 세월이 지나서 돌담이 쌓일 수는 없는 것과 같다. 싱싱한 생선도 며칠만 지나면 썩어서 냄새가 난다. 그런데 씨를 뿌려서 열매를 거두는 것만큼은 예외다. 세상 법칙대로 하면 씨가 썩어 없어져야 하는데 오히려 30배, 60배, 100배로 결실한다. 죄와 사망이 왕 노릇하는 이 세상에서 딱 한 가지 예외가 있다면 봄에 씨를 뿌려서 가을에 추수하는 법칙이다. 이때는 생명이 사망을 이긴다.

　세상 사람들은 이런 것을 모른다. 하나님은 악인과 선인을 구분하지 않고 해를 비추시고, 의로운 자와 불의한 자를 차별하지 않고 비를 주시는 분이다. 선한 자가 씨를 뿌려도 열매를 맺고, 악한 자가 씨를 뿌려도 열매를 맺는다. 그래서 땅에 씨를 뿌리면 열매를 맺는 것이 당연한 줄 안다. 그러면 가장 큰 관심은 "얼마나 많은 열매를 거두느냐?"가 된다.

　우리는 그렇지 않다. 우리는 봄에 씨를 뿌리고 가을에 추수를 하는 일련의 과정에서 생명의 신비를 본다. 사망이 이 세상을 지배하는 절대 세력이 아닌 것을 확인한다. 포도 씨가 마냥 포도 씨로 있는 것이 아니라 포도 열매가 나오고, 사과 씨가 마냥 사과 씨로 있는 것이 아니라 사과 열매가 나오는 것처럼 우리의 지금 삶이 지금 삶으로 끝나지 않는 것을 안다. "그렇구나. 이 세상이 전부가 아니구나. 다음 세상이 있구나."를 확인한다. 그것이 우리의 추수감사절이다.

그래서 무엇을 심었는가? 가을은 수확의 계절이라고 한다. 하지만 가을이라는 이유만으로 누구나 수확을 할 수 있는 것은 아니다. 수확은 봄에 씨를 뿌려서 여름에 땀을 흘린 사람에게만 해당 사항이 있다.

우리가 얻은 구원을 칭의, 성화, 영화로 얘기하는데, 이 내용을 이스라엘의 3대 절기와 연결하여 생각할 수 있다. 유월절은 칭의에 해당한다. 심판을 면하고 구원받았다. 맥추절은 성화에 해당한다. 죄 없는 생활을 해서 귀결된 열매를 하나씩 꺼내며 하나님께 감사하는 날이다. 수장절은 영화를 보여준다. 창고에 넉넉히 수장된 수확물은 우리를 위하여 예비된 천국 상급을 의미한다. 그 모든 상급은 우리가 이 땅에서 하나님의 사람으로 성실하게 살아간 결과로 누적된다.

이런 예를 생각해 보자. 백수로 지내던 청년이 취직을 했다. 백수에서 직장인으로 신분이 바뀐 것이다. 이것이 유월절이다. 그러면 맥추절을 지키는 것은 첫 월급을 받은 것에 해당하고, 수장절을 지키는 것은 열심히 적금 부어서 목돈을 마련한 것에 해당한다.

직장인과 백수는 엄연히 다르다. 하지만 첫 월급을 받기 전에는 교통비나 점심 값도 스스로 해결하지 못하고 조카 용돈도 못 준다. 달라진 신분을 실감하려면 첫 월급을 받아야 한다. 예전에는 첫 월급을 받으면 부모님께 내복을 선물했다. "제 지갑에 이 정도 살 돈은 있습니다"라는 뜻이 아니다. "제가 이 정도 능력은 있는 사람이 되었습니다"라는 뜻이다. 돈이 생겼다는 사실보다 돈을 버는 사람이 되었다는 사실에 초점이 있다.

하지만 첫 월급으로 할 수 있는 것은 그리 많지 않다. 첫 월급 받아서 전세 보증금 마련했다는 얘기도 들은 적 없고, 첫 월급으로 부모님 해외여행 보내드렸다는 얘기도 들은 적 없다. 건실한 사회인으로 살아가려면 직장 생활을 계속 해야 한다. 돈 모아서 결혼도 해야 하고, 집도 장만해야 한다.

이 모든 내용을 우리의 구원과 결부하면 어떻게 될까? 유월절은 우리가 얻은 구원을 감사하는 날이다. 맥추절은 우리가 하나님의 사람으로 신분이 바뀐 첫 열매로 하나님께 감사하는 날이다. 죄를 멀리 하면서 살았더니 어떻게 되었는지, 예전에 비해서 달라진 모습이 어떤 것인지, 그것을 감사하는 날이다. 수장절은 자기가 지난 1년 동안 구원 얻은 사람으로 살았더니 어떻게 되었는지를 감사하는 날이다. 농부가 농부의 본분에 충실하게 지낸 1년 동안의 수확물로 감사하는 것처럼, 우리는 "하나님, 제가 지난 1년 동안 구원 얻은 신분에 합당하게 살았습니다. 그렇게 살았더니 제 삶이 이만큼 풍요롭게 되었습니다. 이 모두가 하나님의 은혜입니다."라고 해야 한다. 즉 자기가 지난 1년 동안 신앙 안에서 얻은 모든 열매의 총화를 놓고 감사하는 날이다.

요컨대 유월절, 맥추절, 수장절은 우리한테 허락된 구원을 설명하는 절기다. 교회에서 부활절을 지키고 맥추절을 지키고 추수감사절을 지킬수록 우리 신앙이 점점 더 완성되어야 한다.